新快消

行业移动与数字升级指导手册

XIN KUAI XIAO
HANG YE YI DONG YU SHU ZI SHENG JI ZHI DAO SHOU CE

谭长春　著

企业管理出版社
EMPH ENTERPRISE MANAGEMENT PUBLISHING HOUSE

图书在版编目（CIP）数据

新快消：行业移动与数字升级指导手册 / 谭长春著 . —北京：企业管理出版社，2020.4

ISBN 978-7-5164-2114-7

Ⅰ . ①新…　Ⅱ . ①谭…　Ⅲ . ①消费品市场—市场营销学—手册　Ⅳ . ① F713.58-62

中国版本图书馆 CIP 数据核字 (2020) 第 035934 号

书　　名：新快消：行业移动与数字升级指导手册
作　　者：谭长春
责任编辑：徐金凤
书　　号：ISBN 978-7-5164-2114-7
出版发行：企业管理出版社
地　　址：北京市海淀区紫竹院南路 17 号　　邮编：100048
网　　址：http://www.emph.cn
电　　话：编辑部（010）68701638　发行部（010）68701816
电子信箱：qyglcbs@emph.cn
印　　刷：河北宝昌佳彩印刷有限公司
经　　销：新华书店
规　　格：170 毫米 ×240 毫米　16 开本　17.25 印张　220 千字
版　　次：2020 年 4 月第 1 版　　2020 年 4 月第 1 次印刷
定　　价：52.00 元

用数字化能力重新定义咨询业未来（推荐序）

我曾经在公司年会上讲过，经济形势下行，不少企业家感到这几年寒冬真正来临，企业活得很不容易。从行业数据来看，这几年也正是管理咨询行业重新洗牌的时候，有一些曾经业绩不错、人数不少的企业管理咨询公司人员变少、企业变小了，甚至有一些管理咨询公司消失了。

……

总之，企业管理和我们这个以改善企业管理为主要业务的行业面临的形势变了。朋友圈里也流行着这样的说法：进入数字化时代，任何行业、任何企业都值得重做一遍。

如果任何企业值得重做一遍，那么，中国企业的管理也可能需要再出发，管理理念、内容可能也需要重新定义。

顺而推之，中国的管理咨询业也需要改变。

未来已来

这几年针对数字时代的企业数字化升级，公司的不少合伙人都进行了自己相关领域的企业数字化研究及所咨询的一些企业的数字化升级实践。他们有以下几个方面的认识。

（1）数字时代已经到来。

（2）数字时代，需要新的战略认知。

(3) 在企业的人力资源管理方面，面临数字时代KPI的重新设计、组织的新设定、绩效考核的新方式等。如小米公司，谁说不需要KPI？曾经的坚定不实施KPI企业，也已于2019年年初重新实施KPI考核体系。

(4) 在企业的企业文化管理方面，也需要数字化建设，否则，企业文化的口号往往只挂在墙上，于企业经营管理改善并无裨益。数字化实施，能为企业文化建设与落地实施开辟一条新路。企业的“打工仔”具备“主人翁”精神，数字化工具与实施方式能够更有力地协助实现。

(5) 原来的管理，以事、部门为流程。现在移动时代、数字时代，逐步转变为以人为流程，也更是需要以人手一个的数字化终端为始，实现管理流程的移动化变革。

……

当然，数字化对企业管理的意义，不只是改善企业管理本身，还要促进经营业绩的提升或企业可持续发展。作为经营的主要职能：计划、营销、销售等，现在都面临新形势下的改善。

作为定位于“研究型咨询公司”的智业机构，我们的团队，一直试图走在行业前面，做更多的前沿研究与有价值的实绩性咨询，也从此开始，做更多的基于未来数字化时代的企业管理咨询服务探讨与实践、输出。

一切改变，将是基于数字时代的改变

进入数字化时代，工业文明时期的很多铁律，面临着前所未有的挑战。企业战略的思维、商业模式、组织构建、企业组织与人之间的关系，都面临着新的挑战，需要我们用数字化的全新思维去认识我们的企业，看待我们的管理，改善我们的经营。

作为管理咨询企业，我们必须通过研究、分析、总结，提供解决问题的方法论。我们认为，为企业改善业绩的方法论，一切工作的底层，一切认知的升级，都是基于数字化时代的到来，以及到来之后的各种改变。

我们服务的华为公司，为什么从开始做交换机，到现在做手机？这是数字化时代实现的必然通路——硬件入口。

我们服务的传统企业：温氏，为什么能够获得如此可持续的业绩、利润与发展？其经营、管理、电商、终端等，都已经全面实现数字化开发与实施。

我们服务的伊利集团，则是好几年前，就提出了数字战略。

还有，如孩子王、格力等企业，都在我们数字化的理念下，通过提供融合式的案例支持、未来研究、实战经验，以及行业最优实践，不断精进，逐渐成就了我们的企业数字化升级方法论。

快消业数字化，未来可期

快消行业，是所有行业中最为传统的行业，所以也可能是最难颠覆的行业。

而最难颠覆的行业如果实现自我变革，焕发新生，其未来也将是最可期的。

我们看到快消企业的数字化，不只是从软件业中取得突破，可能是软件产业联合管理咨询业的共同破局。

因为，数字时代，不再是呆板的、不可变的基础数据，而主要是业务数据、经营数据、市场数据、消费者数据、销售订单与数据等，这些才能实现真正的数据价值、分析价值、产品价值等。

这些数据都从市场、营销、销售工作中来。

如果能懂企业、行业，又能从战略高度对企业进行未来的数字战略设计，还能直接给企业提供关于未来发展的经营管理电商服务，甚至还能提供数字化提升的软件系统与支持，则我们能看到更可期待的未来。

我们在努力

未来是智能时代，甚至可能是量子管理时代，但首先是数字时代。

数字时代，需要新战略，需要新营销，需要新的经营管理，需要新的经营管理方式、方法和工具。

虽然，未来还会存在一些不变的企业经营管理理念、手段，但是，我们会去了解不变，创新应变，并始终与企业站在一起来打破旧的，融合新的，找到企业最适合的发展方式、路径和手段。

数字化时代，我们将用新的企业服务资源、能力，为企业提供业绩提升价值、未来发展价值，始终以企业的需求为工作指向，与企业共同成长。

让我们共同点亮数字化突破的蜡烛，点亮未来中国企业发展之光。

彭剑锋

华夏基石管理咨询集团董事长

中国人民大学教授、博导

2020 年 2 月

序　言

虽然我在这里提出“新快消”概念，但我也很清楚，一切所谓的“新快消”，都将被更新的“新快消”时代所取代。

只是，这次的“新快消”提出的背景，与其他时段有明显的不同：移动互联的发展进程很快，可是没几年，现在已经进入下半场，我们还没了解，红利就已消失。数字化时代，大家都说一切都可重做一遍，而任何企业来重做一遍，没有思路、人员基础及标杆可供参考。后又有智能时代在追赶，自己实施数字化的技术，也不知路径走得准不准，应用得对不对，是否就会被更新的技术残酷取代。

所以，现在的快消企业，是在混沌中行走。摸索太痛苦，但确实没有指引。在无人区前行，寂寞无助不算，还怕踏进深坑，无人能救。

而从快消这么传统的行业发展形势来看，走出这个混沌时期，至少还得五年，甚至十年。

快消企业集体失语

一是可口可乐公司，这个老牌知名的国际快消巨头企业，于 2018 年先是取消了首席市场官，设立首席增长官，可是于 2019 年又将首席市场官重设了回来。而可口可乐公司的产品开发近几年虽有创新，却难突破，有媒体说等可口可乐的新产品等了13年，终于在2019年年底出现了新品牌。

宝洁，另一个世界快消巨头企业，现在好像成了只是“妈妈们的选择”，而不是新时代新消费者的选择。一些新日化消费产品，用新奇的概念、包装及营销方式，在抢占宝洁的份额，近年宝洁公司在交易情况不佳的巴黎泛欧证券交易所（Euronext）退市，竟还能掀起轩然大波，看衰宝洁公司的声音并不鲜见。

另外两大快消企业——康师傅、统一，听得更多的是与阿里等合作，而远没有原来通路精耕、新品层出不穷与交口称赞的行业和消费影响力。

娃哈哈公司，我们能听到的，一是市场在埋怨其产品老化的消息，一是宗庆后直言马云的“五新”（新零售、新制造、新金融、新技术和新能源）除了新技术以外，其他都是胡说八道。而随后，马云“不是技术让你淘汰，是落后思想让你淘汰，是不愿意学习、自以为是让你淘汰”的疑似隔空喊话的对怼之类的新闻，娃哈哈已远没有了前些年营养快线的业绩。

……

可以说，在这之前，快消业总是经典案例频频，营销能力领先，行业成长令人欣喜，行业总是一直走在变革与发展前列，经营管理水平总是受到其他行业模仿。而现在，好像没有什么让人再津津乐道，好像也没有什么再可突破，新经济下的各种视频、直播、电商、裂变手段的出现，也没有太多的行业应用好案例。

这么多优秀的行业企业，可以说是集体失语。这是真的将行业溃败，一泄到底，还是正在苦练内功，如上都是表象，只是爆发的前夜？！

商业的喧哗，让快消企业失了阵脚

数字时代，移动社交、移动电商、移动支付，发展迅猛，B2B、新零售、社区团购、社群营销，好像都开展得如火如荼。

这些本是商业端（我个人认为产品生产出来后的流通商家）做的事情，应该大力发展的事情，企业端（即生产产品的制造商、品牌商）由于没有新的技术与应用出现，也被吸引过来（或者说无别的创新可做，只得往这边凑），想做新零售的事情，想自己做 B2B。结果，做新零售，大部分不得要领，做 B2B，则又感觉不可能伸得这么长，应该是自己做的，又继续退回去或者只是与天猫、京东一些巨头局部合作。

结果，娃哈哈的产品老化，受到消费者与市场的指责。六个核桃、香飘飘等，只是一个大单品，进入资本市场上市了却也受到市场的质疑，被认为没有产品开发、更新能力。

业务操作手段陈旧，也受人诟病，SaaS 开发出来的业务拜访软件，推进缓慢，虽认为具有一定先进性，但业务人员并太不愿意用。纷享销客就在 CRM、OA 等方面游移，最终发展不如预想，不得不接受金碟公司的战略投资，跟金碟合作。

很显然，快消业的行业业绩并没有得到大力发展，感觉在网络上不断有网络新品出现，行业业绩却基本停滞。这当然是存量难保，增量无处寻，即使一些网红新品出现，也多是稍纵即逝。

这说明，快消企业最应该做的事情，产品开发或创新并满足消费者需求的事情，做得太少，或者说无法取得成功路数。

新快消，还是在于价值创造而不是价值传递

我始终认为，那些 B2B、新零售、社区团购、社群营销、短视频、直

播营销等，虽然快消企业要关注，但只是充分条件而非必要条件，这些商业组织做的事情，多是价值传递而非价值创造的事情。

这些事情，虽最终成就了阿里、京东，但这也是商业范畴。企业就应该通过了解消费者、洞察消费者，做出适应需求的产品与品牌来，从而实现企业的存在、成长、发展，以及利益。

所以，这本书，不跟风新零售、B2B，希望从企业端出发来思考，应该让企业，找到自己未来发展的移动化、数字化、价值性成长之路。

新快消，数据引领

而这条重要道路的发展，需要数据。

因为，针对快消企业而言，一个一个的数据，就是目标市场、就是消费者。

原来传统经济下，没有移动互联的即时互通，数据往往本身是割裂的，收集上来以后也没有数字化的统一后台，没有延续性，不是即时的，还有些通过填写而不是点击，是可篡改的，是不真实的，以前的数据即使企业花大成本、花大力气收集，但数据价值从未像移动时代的一个后台、真实即时收集、自动分析这样的效果大。

一是企业可通过商业企业、第三方的海量数据，分析到过去、现状、趋势、竞争、动态等。二是可通过自己收集数据，形成自己的网上经营管理电商系统，满足企业发展的消费信息、消费者信息、消费者需求，从而开发出或与消费者共同开发出适销产品，从而保障企业的可持续性发展。

新快消，还是要聚焦于消费者做创新

快消业这几年经历了 O2O、B2B、新零售、社区团购、供应链甚至社群营销、IP 营销等的洗礼，现在各种风口已过，嘈杂之声也渐弱，是该沉静下来，做企业端首先应该做的事情了。分析来分析去，还是利用移动工具提升营销能力、建设与大数据取得消费者沟通，从而开发出更合适的产品更靠谱。

所以，本书从新理念、新技术、新营销、新零售、新软件等十个角度出发，去探寻中国新快消企业发展之道。

移动互联方兴未艾，数字时代刚刚启蒙，内容不免不全、不当，仅作启发行业同仁兴趣，来促进行业数字化成长之引子。好在书中主要涉及的营销、销售，是科学更是艺术，或许有些微企业启发价值与行业促进之力，也就些许宽慰了。

目　录

第一章　老行业　新趋势

第二章 新快消 新行业

第三章 新快消 新营销

第四章 新快消 新技术

第一章

老行业　新趋势

可口可乐 CMO 已死，代表纯传统营销已亡

可口可乐宣布改首席市场官为首席增长官的重大举措，标志着全球营销的变化和纯传统营销的正式作古，也表明其他行业的纯传统营销其实早已死亡。

移动互联前的营销

应该说快消品业是离市场最近的，营销是最接地气的。因为无论是营销还是销售，目的都是要通达到消费者，或者是他的心里，或者是他的眼前。而全球各个行业的营销变化与发展，不少是在步快消品业的后尘。因为，消费品业直面消费者。

在移动互联之前，我们亲身、多年、基本全范畴经历了消费品业的发展，那一套套系统、一个个套路、一个个成功案例，推进了全球消费品业的营销发展，促进了各种家喻户晓的、好品牌的产生。

在将移动互联时代的营销与传统营销作对比的过程中，我们逐渐发现，传统营销的一些缺陷。

传统营销时代的生产商巨头，其实是非常重视与关注消费者的。如宝洁的市场研究，堪称经典，宝洁的品牌经理制，一切从市场消费者出发。可口可乐，更是几套系统在观察了解研究消费者市场。可是，由于条件的影响，传统营销时代的信息沟通互动，是单向的、从上到下的、封闭的，所以市场研究者获取的信息可能是不准确的，甚至往往最后都需要人员手工改数据信息！我们经常听到有人说，市场调研是不准的！作为曾经在定

制市场研究公司任职并开展过深度调研的一分子，笔者要为市场调研者抱不平：这并不是他们不认真、不专业，是市场调研很难百分百抓住消费者的心理，因为被调查者可以故意不说真话而心口不一！

传统企业做产品，真的能完全满足消费者的需求吗？作为曾经的可口可乐产品经理，可口可乐又是全球第一产品，应该说，传统巨头的产品与营销，都是竭力在满足消费者的需求的。可是，由于如上的消费者研究一样的原因，产品满足需求，也可能多是主观上的！因为传统营销时代的产品开发，也同样没法像小米做手机一样，让消费者真正地参与进来，而即使让消费者真正参与进来，也可能是一个“假”结果！还记得可口可乐 1985 年为庆祝百年，想做个新可乐的惨痛结果吗？好像整个美国市民都参与进来了，进行新产品口味测试，都认为新可乐的口味比原口味更好，他们更乐于接受，但当产品真正推出之时，又在美国掀起无可比拟的反对浪潮！虽然也有情感、文化、社会层面的原因，但这个产品在那个时代就失败了！

这也表明在传统时代，产品功能与消费者需求之间必然存在一定的距离。我们没办法像今天的小米一样与粉丝互动开发产品，即使研发者有同样的想法也无法实施，因为当时人与人的沟通不像现在这样方便快捷！

传统企业做营销，没法将经销商当作真正伙伴。由于整个传统时代的商业，是从上到下、不对称的，所以，即使企业有与经销商成为真正合作伙伴的想法，如可口可乐就曾经将 CSS 的合作伙伴叫作 GKP（GOLDEN KEY PARTNER），即黄金合作伙伴，但现实条件也难以容许。当时，很多企业的营销部门与销售部门总存在一些或明或暗的不满与冲突，也是因为营销方案难以对称而造成的。所以，营销部门出营销方案，难免闭门造车，难免不适应市场实际，难免在实施过程中，理解不到位了、实施有偏差的效果打折扣情况。可口可乐某区域曾出现营销部门的方案，要经过销售总监认同才可能找自己领导批复的情况，力图避免，但与现在的移动互联，无障碍沟通，效果还是差不少。

……

其实，还会有一些传统营销时代的其他情形，但总体来讲就是，传统营销时代的营销即使做得再好，再贴近市场与消费者，就我们现在操作移动营销的感觉而言，两者之间好像还是有很大的距离！

移动互联时代营销作了哪些主要颠覆

关于这个问题，可以说众说纷纭。传统营销人士认为，并没颠覆多少，而精通互联网营销的人士则普遍认为，现在的消费者与市场，早就不是“传统人”的菜了。

冷静下来分析，其实，有一个没变，有一个变了。抓住这“一个没变”和“一个变了”，才可能再谈新营销！

“一个没变”，那就是销售的本质还没变。就是供销与中间环节还是一样的存在！

“一个变了”，人与人之间的沟通方式已经变了。最明显的例子，就是短信沟通的方式已经基本消亡！

而这两者，人与人之间的沟通方式变了在前！或者说，商业的没变，仍是要以已经发生了翻天覆地变化的人与人之间的沟通关系为基础的。

所以，我们必须要在正确认识新的人与人之间的沟通方式的变化，并且挖掘到新的人与人之间沟通方式的变化后的商业应作如何应对，结合商业的本质，才可能在新的移动时代，营销获胜！业绩永续！

这“一个没变”与“一个变了”，将再使企业重新认识、理解、认证、试错等等，得走多少弯路，需要多少年？或许，这也是可口可乐不再设CMO岗位的原因吧！

这个，我们也不知道。虽然很多传统营销团队已经作了巨大改变（或者思路正在转型），已经走在基本正确的道路上。我们只知道，这可能又是一个红利，只不过，已经不是技术红利，已经不是移动互联的红利，而是真正的企业能力特别是营销能力的红利了。

对决：营销的曙光，与传统营销的死粉说再见

正因为消费品业最接近市场，如全国性的几百万夫妻店都要路线拜访，全国也是上百个营销机构、几百个营销所、至少几千个经销商、上万台送货车、几万甚至上十万名一线销售……他们应是已经触摸到了移动时代的真路子。

可是，我们还看到，多少传统营销下的蛋，死守着传统营销的所谓本质，所谓传播与广告、所谓渠道与分销、所谓营销政策与代理经销、所谓终端拜访等，所谓的逻辑、所谓的自认为的那些改良的东西，其实，都没脱离迂腐的范畴，都是在死守自己的那块遮羞布而已。

当然，如果完全是移动时代下的营销人，则也要冒着移动互联带来的碎片化大环境下的个性化、随意、小范畴、自以为是、定制、创新等的风险［顺便问一句：你认为李靖（李叫兽公号运营者）对百度的营销改变及一大批企业的营销改变会有多大?］。毕竟，移动营销，最终还是要融合到亘古不变的商业本质中来的。

希望我们在最短的时间，看到新营销的曙光。

传统销售真不行了

对传统销售进行分析：产品必须通过分销甚至是层层分销，才能最

终到达终端。所以，每个企业基本都是需要通过中间渠道建立庞大的销售体系。

而目前业界的共识是：电商冲击了传统渠道，传统经销商都面临生死存亡的问题。

当然，也有一些中间商，觉得这也是个弯道超车的机会，于是一部分做起了 B2B，一部分专职做起了物流（流行的还有统仓统配），甚至还有一部分对软件行业热衷的，做起了软件定制开发或者 SAAS 类软件创业。

还有，阿里、京东基于零售层，对渠道链从下到上进行倒逼，更使得企业的新销售，好像一直没能抓到新的把手，来进行销售突围。这些，使企业一直面临存量受到挤压、增量不知从哪里来的业绩突破困境。

传统销售中，你就是一客户经理

可以说，在消费品行业，原来真正的“销售经理”不多。基本都是客户主管、渠道主管、区域主管、直销主管、开拓性业务员之类。即使是一些消费品制造企业的深度分销业务员，拿订单，但拿的也是终端店的进货订单，真正的针对消费者的购买行为而采取的销售更是凤毛麟角。

原来的消费品制造企业自己做的销售，是以区域、分销运营与管理为主。

新销售，要面对商业变化

在移动时代消费者主权意识日益觉醒的背景下，新销售使快消品生产企业看到了原来没做市场、没亲近市场和没与一线市场直接对话的窘迫。

所以，真正的新销售，需要结合移动时代的四大特点：交流、交易、交付、交割等特点，实现各种全新的商业变化。

并且，利用新方式如共享、互动、小程序、社群的应用，以及将原来的传统销售，进行数字化升级。

新销售，作改变或升级

与传统销售是通过中间商将货卖出去不同，新销售，已经是通过自有商城、以及各种平台的专属位置，直接触达了消费者，那么，针对能直接触达消费者的销售渠道，如独立电商、平台电商，就确实应该作较大转变。

如营销销售一体化。这需要销售人员与市场人员进行沟通，如何在此销售触点，通过营销、推广、公关、促销、活动、互动、场景设计等，促进社交、转化、流量等，从而产生订单。

如从销售说词到服务加销售。通过交流与服务，形成购买认知。

如大量吸纳与甄选先进营销工具，通过裂变、红包、转发、实证、例证等方式，来实现销售认同。

如通过 IP 的借用，实现粉丝的聚集，以及封闭购买的良好效果。

如通过自有社群的建设，或社群体系的合作打造，形成小范畴的销售‘组织’，实现蚂蚁肉效应，小溪汇大河，增量滚滚来。

……

而如果不直接触达消费者，还需要分销或零售商的销售，则也应有一些改变与升级。虽然，现在一些传统销售，还没有太大的调整动作，但如下精进，还是值得借鉴。

一是企业增加以及经销商赋能、升级，同时也作为自己的移动销售运营系统，从而实现基于市场条件、环境、背景变化而进行的销售升级。

二是利用系统，培训中间商，进行消费者信息整理、分析与判断，促进他们整个分销或零售生意的增长。

三是结合自身业务，与中间商共同探讨数字化变革的未来合作形式，或培育中间商的未来销售能力。

可能有些企业或中间商觉得这些都不够“高大上”。是的，你只有起步了，才能在消费者资产、数据运营、线上线下全面融合、产品创新、营销创新上，做更大的突破。目前来讲，就是“撕口子”，你得通过一些手段路径，来撕开新营销运营的口子，从而进入升级运营的可能，从而通向新经济下的可持续发展通途。

快消品销售，巨头们已经在路上

快消品，原来一直走在新销售的前沿，如深度分销、终端为王、样板市场打造、分销协作等。现在由于中间渠道受到来自阿里、京东等电商的反向挤压倒逼，确实出现一时恍惚。

但品牌在自己手里、产品是自己的，虽然中间渠道受到挤压，但只要将消费者即数据抓到自己手里，新销售还是能实现的。

笔者认为，快消品行业已经逐步脱离了前几年的混沌期，灰度时代，在这个行业也即将过去。部分巨头企业已经苏醒，并且已经在多方面进行尝试与突破。如可口可乐、宝洁、康师傅、统一等，先从与电商平台合作开始，取得借船出海经验，开始自己建船招募水手，要乘风破浪了。

他们与 B2B 合作，取得增量的套路。

他们与新零售合作，了解新零售商，从而更看清自己要干什么，要提供什么价值，要加强什么服务。

他们自己开发工具，进行经销商赋能，促进中间商成长。

他们通过新工具，加强培训、碎片化积累，实现业务人员能力培育。

……

总之，快消品企业正在力求存量继续有保障、增量不断地获取，以此来实现自己的可持续发展，从而在下一阶段继续充当领头羊。

快消品，从销售管理到直面消费者的销售体系搭建

我们都知道，原来快消品的路线拜访、电子地图、拜访八步骤、填报表等，更像是销售管理的范畴，用国内一位酒业企业家的话说：我至少能知道他今天到了哪里，至于做得如何，我也了解不到。

而移动时代，首先是交流沟通方式变了，管理即沟通，整个管理体系都得到了质的改变。

其次，移动互联，一个手机号码、一个 ID 既代表一个潜在用户。所以，如何通过营销，获取到 ID 所对应的潜在客户的消费行为，中间还有很多销售手段、方式、方法、工具待挖掘。

另外，一个人一个手机一个 ID，原来都是没有一个后台、一个系统，能基本容纳的。现在有了几个微信之类的大 APP，使后台的大数据销售、销售决策、销售实施、个性化销售、定制销售等，都有了可能。而这些，如何能最终能形成体系，这是一个亟待研究的课题。

不过，好在，一切都在顺应形势随之而变，行业好像已经从这里开始了。

风口没了，消费品业为何还是焦虑

移动互联网主要是交流、交易、交付、交割、交换。

但是，作为一些快消大企业，其实早就有自己的完善体系。只是，传统快消企业，是基于沟通难以对称的现实情况，而作了非对称式的交流、交易、交付与交割。

如自己的调研体系、检查体系、渠道体系、消费者沟通方案，等等，有些是自说自话，有些是自以为是——主观上虽然想以满足消费者需求为中心但事实上却仍是以自我为中心。

传统的调研体系是单向的、封闭的、从上到下的，甚至是形同虚设的，生产的产品也不惧消费者不认同的或者反馈差。

而现在，产品开发都必须是双向的、无边界的、网状的，必须是真正基于消费者需求的。

这些需要消费品企业做出针对性反映、改变，甚至否定原来的自己！

传统快消企业，船大难掉头

新快消时代的营销改革，对大企业来说，确实是船大难掉头。

原来的体系，从内部打破很难，各种成本都很高，特别是惯性成本。企业的惯性思维、固化的流程，要改起来，不少得脱胎换骨，从而会受到来自既得利益者或者利益集团的阻力。因为人的思维改变起来很难。对于一个企业来说，不换人，很难换思想，很难将原来固若金汤的体系革命掉。

同时，他们觉得自己成功过，那些新东西，极有可能是换汤不换药，或者看似新鲜但其实内在本质并没改变，或者新的模式并没得到成功的验证，还是守住本真重要。

所以，不少成功过的大企业，总是说，要看本质。

其实，随着营销环境、条件、要素、背景的改变，快消品企业在营销环节的改变是不可避免。

移动互联网，极大地改变了人际沟通的方式方法，带来了人际沟通工具的革命。企业管理即是沟通，信息技术的进步以摧枯拉朽之势改变人们的固有思维。所以，快消品企业就应有战略前瞻性研究能力，提前发现，尽早准备，从而实现持续引领。

移动互联风口，对小企业来讲也并不一定是机会

移动互联时代已经进入了移动互联网行业领军人物下半场，或者甚至

将要转场到数据时代、AI 时代、量子时代了。移动时代的灰度发展、混沌空间已经慢慢清晰，我们已经能够做些总结了。

其实，回过头来看，移动互联除开前期的流量红利之外，可能对消费品企业而言，不少只是诱惑。共享、跨界、小众、定制、降维、O2O、IP 等等，对消费品行业来讲，并没有如此去改变甚至颠覆行业。

如上所述，虽然可能是机会，但也可能真不是机会，因为你可能看到表面的改变，但其实本质仍未变。

如我们现在看到的所谓流量，就是消费者或目标用户。

如场景，也就是消费习惯或行为。其实，更深一点讲，就是 4p 的 place。

如 IP，不就是原来的品牌中的意见领袖嘛。

如现在的软件工具，也多是原来所提到的信息流，只是“移动化”了而已。

如粉丝，就是原来的铁杆用户而已。

……

所以，移动互联给快消品企业带来的机会，很大程度上是由于交流方式的改变引起的。同时，交易上由于移动支付，所以交易更易达成。

而这些，内在本质虽然没抓住，但由于移动互联网确实有一些红利，这些红利，促进了部分企业的弯道超车的机会，但是，绝大部分，只是体验了一下移动互联对经营良性增长的一面，而并不能彻底改变，或者让奇迹发生。

消费品企业的焦虑在于这里

其实，消费品企业为何焦虑，主要还是对背景条件因素环境的影响因素分析不足。而仔细分析过后，其实发现，行业原本应该还是需要淡定的。

突如其来的移动互联网风暴，使许多大型快消品企业未来得及作前置性的研究分析以及调整，主要是因为没有足够的时间去研究、思考与准备。所以，只能边适应边调整。稍有迟疑，可能就出局了或落后了。

而他们同小企业一样，同样缺乏人才来应对。

至于中小企业，无论敢于创新者，还是被动应对者，对他们来说，更多还是劳民伤财式的折腾，虽有极少部分能蹦出来，但普遍仍改变不了失败的结局。

所以，大型快消品营业应该积极关注，谨慎应对。现在风口基本已过，静下来，好好做些分析研究，是能找到自己未来的发展路径的。

焦虑，有药吗

要是在前两年，焦虑确实没药。谁都看不清楚呢！包括腾讯、阿里。阿里，没想好，觉得可能有机会了，就会做；腾讯，一个产品一个礼拜都可能迭代几次。谁对未来都没有太大的把握，马化腾说他最大的困惑，就是可能看不懂、理解不了年轻人想什么……

现在，可能就有药了。经过几年的疯狂创新创业，我们已经能初步看到，一些路径是没有未来的，已经有人试过了，一些背景、条件、要素、环境也逐步清晰，可以做一些分析研究。

其实，无论未来多不确定，将移动互联的一些成果或能看清的假设与未来，尽早研究与测试，融入原来的经营管理电商体系中去，这一定是可预测到的将来！

因为，没有了流量红利，商业模式创新对于用户来讲，知道你又是骗他钱而已，不如针对如何利用好移动互联的新的交流、交易、交付、交割等特点，进行积极大胆的融合式创新。

这时，也基本没谁说跨界打劫你，也没那么容易弯道超车了。

分析了解到未来的消费需求与趋势，并且利用多少年来洞察到的工业、商业本质与机理，进行大胆的前置性思考与前置性测试，你一定能从焦虑中跳出来。

这就是新快消品企业要做的。

移动互联网对消费品企业产生的影响

移动互联网虽成就了BAT等，改变了人与人之间的沟通工具，也提升了消费者主权意识，但可以说，也给快消品企业带来了一些无奈。

当然，有种说法，说始终是促进进步的。说BAT在倒逼传统企业成长。

但，企业本身的演化进步，是需要内生力量的。

另外，移动互联网这种无序性、碎片化，始终不是工业时代的特征，但是否也是信息时代的特征，也还不好说吧?

移动互联网，如果有序与碎片整合，还会提供更大的正向发展机会

移动互联网，改变了“交”：交流、交易、交付等，对消费者产生了一定的消费便利，也使消费者的消费主权得到一定的提高，并且各种科技促进了整个社会经济的发展。但是，移动互联网也产生了一些混乱，如碎片化、无序性。也就是说，被移动互联网打乱了的一切好像并没完全重构好。

现在移动互联的各种“交”，产生了大量的数据，将来数据信息肯定朝着有序方向改善。这个时候，才是更多的、真正的行业格局形成的到来。

现在，说什么结果，都为时太早。

好在，我们看到一些国际消费品企业巨头如可口可乐、康师傅、统一等，都开始了积极地与新经济合作，如可口可乐原来有 101 的销售运作体系，最近这两天与阿里合作，专门设定了一套 I101 体系，即 internet101，尝试与移动互联的数据进行对接，实现对未来的大胆探索与合作。

大数据，是信息时代的基础

如上说明，移动互联留给消费品企业的最重要的资产，可能也就是数据了。其实 B2B、新零售、O2O 等，都让消费品企业彷徨过一阵子，但最终可能只是风口，或者并不是自己最要关心的一些商业模式。

当然，消费品企业真正要成就大数据，还将有很长的路要走。

一是数据集结。一些消费品巨头企业，原来就比较亲近消费者，也有一些体系在推行着，虽然不一定再合时宜，但意识、手段都在，就看如何找到最合适的路径，进行升级了。例如，很多大型快消品企业在传统营销时代就有深度分销系统，这些深度分销系统如何与新营销时代的信息技术结合，变成更即时真实的数据原始系统，值得去深入。

二是数据去重、查真等整理。原来由于数据不能直接用系统来实施远程核实，所以存在大量的重复、虚假数据等，不能用作决策的依据。如何利用信息技术自动实现数据去重、查真是快消品企业的当务之急。

三是数据分析。如果不对数据加以分析，则数据基本没有价值。移动互联能促进数据时代的发展，就是数据可分析，能够作为决策的依据。现在利用算法也好，用最原始的方式也罢，连续的、经营性的、可标签化的数据分析系统，是消费品企业利用好数据的关键。

四是数据决策系统。数据最终应为决策提供依据。从这个角度讲，大数据具有企业经营价值，而不只是一个单纯的数据库。

五是决策信息的推送系统：即时性成了移动时代的重要标志与要求之一。

这些可能都将成为移动互联网带给消费品业的积极影响的内核。

AI，未来数据时代发展的推进器

但人工智能，首先是需要数据，或者首先可通过人工智能来获取数据。

并且，人工智能产品，在有基础数据之后，可进行深度学习，在不断地加强自身能力的同时，可使数据分析的结果更精准。

对于快消品企业而言，市场一般都具有区域广、多范畴的特点，数据庞大繁杂，营销决策需要大量的即时信息，通过 AI 的应用，能够使自己的决策得到强大的支持。

在移动时代，快消品企业没能因为商业模式的发现而一日千里，但通过对移动互联的未来时代 - 数据时代的有力把握，可使自己在时空、价值、需求满足上更贴近目标市场和目标消费者，使自己进一步做到可持续发展。或许，这就是移动时代对快消品企业的意义。

行业难有商业模式创新，是痛苦也是机会

快消品行业作为最传统的行业，领头企业都是在持续不断坚持创新，如全球第一个广告、第一个促销手段、可乐功能饮料——核桃饮料之类的产品创新等，都是快消品行业不断前行的标记。

笔者在快消品行业工作多年，发现快消业的商业模式，好像并没有很多种，甚至可以说只有一种，即用产品与服务无限亲近市场与消费者。至

于共享、免费、流量、平台、生态圈模式，都与快消业不太有缘。

如此好的创新创业时代，这对于快消行业而言，是行业痛苦，但可能也是机会。

商业模式主要是渠道商要去想的

B2B、新零售等，让渠道商去想，第三方去探索。

在商业上，快消业品牌商，如果能将渠道政策、渠道服务能力、终端服务、现场服务搞好。那么，再风口的商业模式也抢不走自己的市场。

渠道商说："我有订货平台，我有物流"。这些其实都不是商业模式的核心竞争力。

当然，渠道商、零售商也可以说："我有消费者。"

其实，这也是企业的。只要企业想拿，是能拿到的。

并且，最重要的，企业不但能拿到，企业的服务是最源头的，也可能是能做得最好的，只是投入较大，短期内可能投入产出比不高罢了，但从长远看，普遍是合适的。

不就是品质、价格、服务、退货、促销奖励与支持、回馈吗？这些，企业都能做得好。只要企业有意愿去做。

我们要知道，基本上只有品牌商有CRM客户资源系统，多少渠道商、零售商有？只是在非移动互联时代，难以像现在即时利用而已。将此资源真正利用起来，任何的不顾及品牌商的商业模式，恐怕都是伪商业模式或建立在沙滩上的商业模式。

企业溯源的重点应放在消费者服务模式上

服务模式要溯源，溯源的第一条，就是消费者需求沟通与了解。

消费者的需求沟通与了解，并不一定要从渠道末端来追溯，还可以利用自己的大数据平台。

很多人将阿里、京东的平台数据说得很神奇，两者都自认为可以倒逼。其实，快消品在电商平台的销量还是极少，从而导致数据很有限，信息也非常片面。

所以，新快消企业，你的渠道本身就有很多条，如何利用这些渠道形成机制，逐步收集上来，这是基础。

消费者服务，先认识消费者资产

消费者资产包括很多方面：数据是资产，交易结果是资产，交易过程中不同消费者的行为也是资产，甚至中间交易购买的心理也是企业的资产。

为什么不是品牌资产了呢？品牌资产，是心理的，是长期累积的，是单向的，甚至可以是不接触的。企业难以把控，只有不断花钱，去积累。品牌资产只是认知的反映，甚至都不是感知的反映。

但消费者资产，现在有了大数据平台，则是交易实际的，可实现即时、真实的、多范畴的，不但接触了，还购买了，甚至也消费掉了。消费者资产是消费心理、行为、理念的综合反映。所以，更真实。数据长期积累后，图像能更真实反映市场需求，营销活动能更直接精准。更重要的是，消费者资产还可直接与营销、销售、服务结合。

消费者资产，促进生产经营管理升级

马云提到新制造的未来已来，估计他是从商业的倒推倒逼来说的。其实，这还需要走很长的路。

但对于新快消企业来讲，马云倒讲对了，这是未来。

大数据，消费者资产，促进了消费者服务模式、制造模式的发展。

有了大数据信息，积累了消费者资产，企业就可以知道消费者的真正需求在哪里，自己要如何改进、增加产品，满足更精准的需求。

笔者最近在一篇评析零售研究机构的文章中看到这样一种观点：2019年是零售业发展关键的一年，传统线下零售商可基本不用焦虑所谓的新零售商的蚕食与颠覆。新零售商用的商业模式其实是金融资本赢利的模式，零售只是其流量入口而已，他们实际上是通过金融资本等赢利。将随着金融市场、资本市场的紧缩与严管，其金融资产最终只能达到一个与传统零售平衡的状态，而线下零售只要紧抓消费者、紧扣消费者资产的留存，以及服务，是仍可实现良好的未来的。

可供选择的商业模式很少，反而会促进新快消企业在正道上发展

这种正道发展，使移动互联下半场，以及即将全面到来的大数据时代，取得行业这几年的呆滞的突破，从而又迸发出行业的春天蓬勃发展气息。

传统产业，只要产业没被颠覆，那么其千百年被证明的稳定模式，就还有可能是最好的模式之一。其实，无论制造业还是销售业，能够亲近与满足消费者需求的，都是最好的。

动能转换，消费品业发展动能在哪里

整个快消业的讨论热点都在B2B、新零售、新营销上。

难道消费品业的发展动能，就在这些技巧与非关键点上？

动能转换的概念

概括地讲，新旧动能转换是指培育新动能、改造旧动能。

新动能，是指新一轮科技革命和产业变革中形成的经济社会发展新动力，包括新技术、新产业、新业态、新模式等。旧动能，则是指传统动能，即利用传统经营模式经营的第一、二、三产业。

所以，有专家认为，新旧动能转换的意思是，通过新的科技革命和产业变革中形成经济社会发展新动力，新技术、新产业、新业态、新模式等来转换掉传统以资源和政府为导向的经济发展模式。

也就是说，原来的行业发展力量，已经不行了，不能够促进行业升级。

包括一些人对品牌的质疑，认为品牌不再有效了。

包括对经销商层级的质疑，认为经销商层级要灭亡了。

包括传统分销不行了，电商冲击他们得四分五裂。

包括不做社区不行了、不跟进 B2B 不行了。

……

总之，传统快消业，作为传统行业的主要代表，风声鹤唳的感觉扑面而来。

行业动能是零售的倒逼力吗

看阿里、京东来势汹汹，动不动就说自己是制造型零售商，动不动就要供应商裸价供货，甚至动不动就要取代谁。

其实，别看他们口气大，在实际运营中，现在也开始小心翼翼地进行整肃与梳理了。如盒马鲜生专对 C 端零售，易果则专对 B 端零售等。

开始模块化运作的意思，就是各司其职，而不是一个组织，啥都想干。

这样导致的结果，阿里们极有可能将会打通全供应链，给他们赋能，或合作，而不是自己真正做起全供应链，改造成自己主宰的供应链来。

这样来看，消费品行业的发展动能，应不是新零售。

虽然有数据，有消费者，有场景，但是，他们是传递价值者，甚至将来还主导到价值赋能者层面，那就更是一种支持力量而不是主导力量了。

B2B、中间商是消费品业发展动能吗

肯定不是。

首先，没有一个行业的变革，是中间层级发起，并且实现的。因为他们受到价值链的两端即制造商品牌商以及消费者的制约。消费者行业这两块要么太庞大，要么太强，不是中间商能左右的。当然，如果他们觉悟早，大胆锐意创新，是能促进两端的一些正向改善的。

另外，他们的组织化相对而言还是偏弱，即使组织化变革已经实现了，但该层级的成员以个体商为主，可持续性、长远性发展还是有待改善。

新的营销技巧和手段是动能吗

在移动互联时代，由于受到交流、交易环节环境、背景、条件等因素的变化，消费品业的传统营销手段面临升级或者无效的境地。

随着移动互联上半场已成过去，我们可以总结出，基本上移动互联的上半场是流量游戏，上半场结束后，上半场的所谓新营销，也就变成了一些营销小游戏、小技巧，基本不太可能真正实现企业的可持续的销量增长与业绩发展。

如三级分销、发红包集客、微商发朋友圈、社群宝妈的业余社区团购、海报转发、积分裂变等，都不能成为一个企业的主流营销手段以及销售路径。

人们都说线上线下融合是未来，但那种极力主张线上营销小技巧的思潮，反而有可能会阻碍一个企业良性营销与销售能力的发展。

底层数据与经营逻辑才是发展动能

首先，动能应该主要还是来自制造商、品牌商。因为他们是价值创造者，产品开发、制造、生产在这里。没有这些，一切都是空谈。

其次，数字时代，一切皆上网，你的目标用户在网上活动的时间，就是你要开展营销的时间，他们的常用网址，就是你的营销场所。这些目标用户，他们幻化成一个个 id 数字，就是你数字化营销的必须，他们的各种网上行为与思潮想法，就是你改进产品、服务、营销的理由。所以，随着社会越来越数字化，你在这上面建立自己的经营、管理实践，才是未来。

这也可以说明，互联网不是动能，建立在互联网上的你的数字阵地、数字王国，上面的各种经营、管理、电商行为，才是企业发展的动能。

好可怕！如果这趋势打败了消费品企业

据某调研机构最新发布的报告，关于新消费，背书主体现在发生变化，从原来的制造商、品牌商向渠道商平台商转移。

这是灰度时期的情况，还是未来的趋势，这真是得给消费品企业一些警醒了。

也就是说，如果一直是这样下去，整个渠道，就像大家一直在担心的，渠道体系被颠覆了，销售系统也需要重构了！

消费品企业是产品消费价值创造者

这句话，一直成为企业持续发展的理论基础。

但是，创造价值，却没收到自己的应有收益，影响力以及未来发展也受到平台商的抢占，这对品牌制造商来说，绝对不是什么好事。

这几年来，商业变革此起彼伏，商业模式创新层出不穷，商业平台不断壮大成巨无霸，如阿里发展起来后，提出新零售，新零售的实施者盒马等四五倍于传统大型卖场的开店费用攻城略地，现在盒马鲜生不但开出了其第 100 家店，还宣称要定位于制造型零售商。

他们要把消费品企业的价值创造打掉，要让他们裸价供货，他们要自己成为制造商，获取产品消费的价值创造利益。

当消费者开始亲近平台，疏离消费品业原来的制造商、品牌商后，确实问题来了！

平台商靠什么来抢占这些背书

平台靠什么来抢占到这个背书的?

是因为靠得近吗?

是因为服务得好吗?

是因为本身他们的职能所在吗?

都不是吧?

只是因为新鲜感、短时期的曝光。

以及依据大数据的推送，从而最直接地联系。

那么，并且还会一直有效吗?

这就是制造商、品牌商要严肃认真考虑的问题了！

所谓时也，势也。

快消企业要警醒自己的同样的价值服务能力

为什么商业平台能够成为消费者购买的背书？有的是认知大于事实，有的是最开始的新鲜感，有的确实是在某些原来制造商、品牌商缺失的部分，他们提供了服务，而有的，确实就是建立了信任……

虽然，它们有些平台，甚至如此被消费者所诟病，假货横行，欺骗霸道，态度野蛮，服务也差，但就是在平台上，消费者至少得到了一些购买便利，以及至少有打个招呼之类的沟通。从这些方面，一是说明制造商、品牌商还是有很大的提升空间，二是说明，如果连这些你都打不倒，做不到，那被颠覆，也就可能会被认为理所当然了！

综合来看，新快消企业或许要从如下一些方面着力进行打造与改进。

一是大数据，你也得有。并且依据此服务。

这方面其实已需要多讲。国家都提出了数字化建设的国家战略，也提出下一步要发展数字工业。制造商、品牌商如果不发展生产技术，总是去考虑后头的营销、销售、商业等事情，终究不是什么好事。

二是产品上可能需要形成互动机制。原来的“好酒也怕巷子深”，现在在移动时代同样适用。只是随着消费者沟通工具的变了，企业如何因需而变，需要自己大胆尝试与应用。在移动互联之前，传统时代，已经有不少企业在工业化社会中如何实施，有了全域多地多年的有价值经验可循，甚至直接照搬都可，现在都在一个起跑线上，虽然可能给了自己压力，但也给了自己超车的绝好机会！

三是要有消费者资产概念。品牌不是资产，消费者的忠诚度才是企业的永恒资产。

原来讲品牌，但品牌资产转化成消费者资产，就像需要将粉丝转化成消费者一样的道理。

企业要将消费者资产，通过各种营销形式、互动手段、数据获取转化与推送等，都结合起来。

四是要不断提升服务。为了提供更好的服务，必须不断更新服务机制、方式方法和工具。

商品的核心是功能，外延是服务。无论是消费升级、降级还是分层，都需要企业对消费者进行更多快好省的服务。同时，服务是商品区隔、竞争区隔的有效形式。

五是要注重挖掘消费者的高层次需求。消费者的购买行为并不完全是为了产品的实用功能。产品的功能可能只是消费者购买产品的部分原因。促使消费者作出购买决定的确实还有更高层次上的原因，如个性、情感因素等。

也就是说，企业产品的价值体现，要想不被盒马一样的要求裸价供货，就只能更深洞察消费者不同层次的需求。据原 TNS 市场研究公司咨询报告，耐克在美国的零售价比在中国、印度等地的加工价高数十倍，就是这个道理。

平台获取流量，也在获取重要资产与未来

无论是制造商，还是品牌商，能可持续发展的原因，就是因为产品溢价，如果连溢价的可能性都被平台攫取，被无奈转变成加工基地，那也真是它们悲哀了！

移动时代，品牌还存在吗

马蜂窝旅游花了亿元级费用，借助世界杯狂打广告。当时广告虽简单粗暴重复，但据说效果还不错。

可是，不久，就曝出马蜂窝旅游的数据造假问题。互联网上微博、微信中一转发，搞得这传播范畴远大于电视上的那些受众，可谓妇孺皆知。

很明显，马蜂窝旅游的品牌宣传，效果打了折扣。虽然马蜂窝旅游的品牌资产开始确实形成了，但最终消费者资产一个没留。

品牌从印象，到认知

无论企业经营管理的背景条件环境如何变化，企业与目标消费者都需要有一个沟通机制或者说沟通路径的。

只是在移动互联时代，包括未来的数据时代，品牌都已不再可能只是一种单向形成的印象，而可能是双方或多方互动形成的一种认知。

从“印象”到“认知”，虽然从字面看来很简单，但其实是有了一个本质的变化。“印象”，是你接收到了某种信息但未对信息做有意识的思考。“认知”，是你对接收到的信息在脑海里进行了加工，最终综合形成一种“能够自我判断、把握的认识”——这样你对某种信息才有了认知。

别着急，现在还是品牌“灰度”时代

移动时代做品牌，如果还进化到其成熟时代——数字时代，品牌建设体系就还不会成熟。

这基于，移动时代，只是数字时代的前奏，同时，移动时代，只是产生了品牌建设的问题，并不能基于流量，就提供出了品牌问题解决的答案。

所谓灰度时代，就是旧的还在，新的还处在成长阶段，旧的力量还在发生作用，新的力量还不够强势与成熟到完全革掉旧的命。马蜂窝旅游就是个最典型的案例，旧的体系还存在，强打广告，据说还真有效。但是，新的力量在微博、微信中一发酵，旧的、旧的产生出的有效的结果，一夜之间，就荡然无存，甚至完全反转。二者力量都存在，但并不是有你没我，要么你死，要么我活。

所以，作为企业，打造品牌还会有效，但也要有效防止品牌可能瞬间“失效”。

为什么说“别着急”呢？这是因为品牌的发展还是有规律的，并且最终一定会以清晰的路径呈现在你面前的。

但是，大家现在可能还是焦虑，为什么焦虑呢？一是因为不知道是什么样的规律和路径；二是不知道别人，特别是竞争对手是否已经掌握了这些规律与路径；三是由于自己没掌握这些规律和路径，担心自己在与消费者沟通方面做错了一些事情。

品牌为什么“看上去”没有效了

这是因为，消费者认知品牌的方式变了，从此而产生的消费方式也变了。他们基于移动互联的使用，发现，沟通、互动、分享等，更能形成印象，并产生认知，这时才有购买欲望。

品牌为什么看上去没有效了？是因为品牌资产积累难了，且品牌资产的价值显得有限了。而未来，是消费者资产替代或者说比品牌资产更有效的时代。

这里，以宝洁这个全球第一品牌公司，且全球第一个推出品牌经理制的国际巨头企业为例，再恰当不过了。

据说，2016 年日化行业的前四大国际品牌企业业绩都滞长。宝洁公司于是开展积极的拥抱新经济，以与电商平台合作作为切入口。

当其他企业都以为宝洁与电商合作仅仅是为了提高销量时，宝洁却已经以此为契机撕开了新经济的口子，已经在品牌、宣传、推广、互动等方面进行了多种多样的尝试，如开展包括“阳光的味道是什么”“怎样洗净央视大裤衩”“什么可以吸干黄浦江”等活动在内的“宝洁全球寻奇记”等系列品牌营销活动，不是靠广告灌输而是通过“开脑洞”式的提问式互动来吸引目标消费者。

之后，宝洁通过“神奇博士”的直播，以“新产品 + 真人实验”的形式，来回答这三个问题，真实的形式，出现在消费者的手机、PC端，直播开始30分钟即收获超过30万点赞。

这时，宝洁公司像开了挂，“她最后去了相亲角”的视频、旗下电动口腔护理品牌ORAL–B携“奇葩说”两位女战将的神辩成就的“加班止血神器”、被宝洁内部称为“10年来最大的新年营销策划项目”——广州白云机场送福概念店等相继而生。

这些使宝洁的会员注册数量提升10倍、会员购买转化率提高了200%，复购率提升100%，客单价提升80%，同时，最重要的是，宝洁“终于”清晰地知道了消费者在全集团所有品牌间的购买轨迹与购买路径。宝洁品牌的目标消费者范围也因此得以拓展，且加深了其在原来的消费者心目中的印象。

而这些认知，相比原来一定要浪费掉50％的广告做品牌而言，形成了一个质的飞跃，也让我们看到了，原来的形式确实是低效，甚至无效了！

品牌的内涵与价值的塑造，其实也发生了重大改变

虽然从目前情况来看，宝洁公司与可口可乐公司的品牌打造之路，正在改变与升级。但是，无论是品牌之父宝洁，还是营销之父可口可乐，其品牌内涵打造，要么是“主观”确定的，要么就是从营销实践中逐步提炼形成的。毕竟宝洁原来是肥皂水，可口可乐是咳药水嘛！

而现在，从上面的案例分析来看，品牌内涵与价值，可能基于消费者比原来更早的切入品牌与产品的塑造中，可能就不太是内定的或总结出来的，而是互动沟通等等过程中，直接的一些认知。

也就是说，这些认知，可能过程中都会产生变化、深化，从而企业抓住精进下即可。小米的“为发烧而生”，就是这个意思。

另外，由于移动互联，人与人之间的沟通方式发生了很大的改变，所以，原来的单向的、从上到下的、封闭的、甚至是不实的信息，都能产生作用，毕竟“认知大于事实”嘛。

但是，现在都在网上，网状结构，使原来的单向沟通向双向、多向的网状转变，又存在网状的圈层结构，所以，传播不得不变成互动、分享、社群交流。

品牌打造可能将比原来更有价值

因为现在打造品牌已经可以一开始就直接让消费者与用户参与，消费者一旦参与到企业的产品开发过程中，一是消费者会更信任与认同自己参与开发的品牌；二是企业与消费者（用户）的这种直接沟通更利于企业发现用户需求与精炼推广。

只是形式和内容都好像在发生变化了，这还能叫品牌建设吗?

没关系，可口可乐的首席市场官，不也改叫首席增长官了嘛！

新快消：到底能不能打造大单品

大单品的讨论，从来就没停止过。

对大单品的期待，也是每个企业主的梦想。

不过，可能只有真正做过产品经理的人，才能体会到大单品的可遇不可求。

宝洁砍掉产品，又开始买买买

据报道：近年来，宝洁除收购 Walker&Company，还多次出手，收购细分市场及新行业品牌。2017年11月，宝洁收购旧金山香体露品牌NativeDeodorant；2018年，宝洁相继收购敏感肌护肤品牌FirstAidBeauty、新西兰天然皮肤护理品牌Snowberry。此外，宝洁还收购了德国默克集团旗下消费者保健业务。宝洁在公告中称，宝洁将进军从未涉足过的治疗领域。

据宝洁中国官网显示，宝洁旗下10亿美元品牌数目前高达25个，约占总品牌数的38.5%。然而，长期多品牌战略也使得宝洁的业绩已触碰到增长天花板。

对于宝洁缺少重磅新产品、削减开支的行动缓慢等指责出现，彼时担任宝洁董事长兼首席执行官的鲍勃·麦克唐纳称，宝洁需要较长的一段时间才能扭转现在的局面。

然而，曾经扩充品牌阵营现又“瘦身”的宝洁，如今在砍掉众多子品牌后再度开始“买买买”。

到底是什么促使宝洁不再以大单品自傲和故步自封呢？有人说出了原委：宝洁需要进一步塑造自身品牌的活力，提升产品的差异化，更好地提供多元化服务。

原来，宝洁收购的品牌更多的是关注细分的市场领域，这与宝洁长期增长乏力的业绩有密切关系。

其实，你要说宝洁，从几百个产品砍到只剩几十个产品，的确是大单品的做法。

但业绩却仍得不到提升，这又是为何？

可口可乐公司确实是可乐一支独大

在可口可乐公司，确实是可乐一支产品独大，雪碧、芬达、非碳酸等所有其他产品的销量加起来都没有可乐的销量多。除因为可口可乐自开创以来销量始终独占鳌头之外，还与大量产品的死掉与垫底密切相关。

这也就在说明我一直主张的观点：一个公司的产品开发并不容易。笔者作为可乐的非碳酸产品经理，这些不断的产品死掉、不断的产品作支撑，使影响力、消费空间都还存在，助长可口可乐品牌不败、市场还在。

假设这一百多年来，可口可乐公司只有一种可口可乐产品，那么，它还能够如此有影响力？品牌如此强悍，业绩如此持续提升吗？笔者认为那是很难的。

移动时代形势有变

从对 Z 世代（即 95 后）的消费调研报告来看：

- 有研究表明，美国 Z 世代每年的消费额已经超过 440 亿美金。而且他们对家庭支出的影响更大，93% 的父母认为其孩子的支出影响着家庭消费，每年高达 1660 亿美元。
- 国内的 95 后群体消费规模更加不容小觑，2.5 亿数量群体的消费能力同样惊人，95 后的月均花费达到 1314 元，甚至接近 2015 年全国人均水平可支配月收入（1830 元），同时，95 后对于进口明星产品的购买力远超其他年龄段人群。

既然作为未来消费主力的 95 后，更注重个性，那么，很明显，产品的消费，应是不断地向细分发展，不能说定制的会越来越多，但更具针对性、个性化、精准度的产品开发趋势，应是明了了。从消费品业不断的一些小众品牌，开始有了一些冒头的机会，能够在市场上站稳脚跟，业绩也还不错，就可看出一些端倪。同时，我们也可以看到这两年的所谓喜茶、丧茶等新式茶的成长，不只是吸引了消费者的注意力，也确实抢占了原来的包装茶与饮料的销量。

另外，去中心化的整体移动互联特征，使大单品的不断迸发，显得越来越难。最近有信息显示，台湾统一企业有一个单品，叫汤大人，成为了一个十亿级销售额的大单品但这个“汤大人”的成长用了近十年时间!

而移动互联带来的碎片化，则是对大单品的直接挑战。有投资人就这样指出:“大单品时代已经过去了。我认为在未来的很长一段时间里面，中国不太可能再出现像王老吉、某某牛奶，这种销售额过百亿的大单品了。就算有，生命周期也会非常短。所以做消费品，希望大家放弃把一个单品滚成大单品的想法，因为已经不符合消费者的行为习惯了。”

上述投资人士甚至还有自己的建议:“我们认为把消费者对你的喜好寄托在某个单品上是极其危险的。星巴克让大家记住的是星巴克本身，而不是星巴克里面的某杯咖啡或者某个甜点。尤其是在大单品时代已经过去，消费者的兴趣迭代那么快的情况下，我们能做的是如何让大家记住你的品牌而不是你的某个产品。”

有不少人也提到，在消费品行业，现在仍是存量有不少的百亿单品，但将来，百亿单品应是越来越难了，十亿级的，可能还是会较多存在。十亿级的多产品替代了百亿级的大单品。

笔者个人观点，百亿的大单品是否会比以前多现在还不能判断。但十亿级的单品相较以前而言，肯定会多了。

当然，大单品人共向往之

所谓大浪淘沙，就是总会有一些亮眼的产品，总会有一些相对而言，消费者更喜爱的产品。也就是说，一个企业总是有拳头产品的。

但在这拳头产品形成之前，绝大部分是不能主观预估、主观形成的。一是企业的资源支持，总是非完全对等的，另外，产品结构其实也是有助于拳头产品挤出的。

说实话，一个企业的大单品的冒出，不是主观喊出来的，不是说要做大单品、打大单品，大单品就会出现的。

一般来讲，拥有大单品的，基本都是品类开拓者。这从消费品业的现状来看，可以比较明显。可口可乐是可乐的开创者，红牛是功能饮料开创者，六个核桃是核桃露开创者，香飘飘奶茶是杯装奶茶开创者，汇源果汁是百分百浓缩果汁开创者……你要想最终做出大单品，往往你必须是如假包换的创新突破者……

所以，向往大单品之前，自己可能得付出不同于一般的努力啊！

将每个产品，都当作未来最好的去做

笔者认为："将每个产品，都当作未来最好的去做"，这才是大单品打造的真谛。

即使手头的资源有限。

每个产品都是亲儿子。

也有一些企业，就像一些父母，能将每个儿女，都培养成才一样。

原来的宝洁为何成功，就是有产品经理制，每个产品开发出来，有专门的品牌经理进行负责，一些资源也能向新品集聚。

笔者当年担任可口可乐的非碳酸产品经理，对产品经理制的重要性深有体会：产品经理制是企业做大单品的重要机制。作为单品的产品经理，他会竭尽所能去充分利用现有资源，来促进该单品的成长，就像母亲哺育孩子，会想方设法给孩子提供尽可能好的成长空间与发展机会一样。

数据时代，更有可能

笔者作为传统的产品经理和新经济时代的创业产品开发者，发现的产品开发有些障碍难以逾越。

但数据时代有个特点，可给消费者贴标签，且消费者、潜在用户的一些消费行为、最直接内在的观点与需求，能表达，且企业可触达。标签越细密，可能对企业的产品开发指向，越精准。

所以，我们真期待，未来的消费品行业，百亿单品还是照样的多，还是能冒出来。十亿的较大单品，仍是能够层出不穷。

个性化、去中心化、碎片化需求可能越来越多，好像上帝关上了一扇一扇窗，但却实际上开通了企业与消费者直通的更真实更大空间，又给我们开了一扇非常敞亮的门不是?

只是，个人倒觉得，好好开发产品，别提太多的企业产品大单品战略，好好干活，别爆概念!

新快消时代，还需要新深度分销吗

最近又有一本深度分销的书出版了。

作为老朋友、同事的作者，说这虽然名头是深度分销，但内容已经变了，升级了。

前年，笔者也写过一篇关于新快消时代是否还需要深度分销的文章，是与当时正在开发的移动经营管理电商系统密切相关的。在这篇文章，笔者对深度分销，仍是支持的。

但是社会发展太快，不断有人提出现在已经进入移动互联下半场，腾讯甚至提出现在是产业互联网时代，那么新快消企业，还仍旧需要深度分销吗?

新经济时代，甚至是否又会有新的深度分销体系出现?

这些，都是可探讨的问题。

深度分销，现在不只是体系，而是一种通用说法了

企业业务人员拜访到终端，进行或订单、或服务。当然，追根溯源的深度分销体系里，深度分销人员是一定要拿订单的。

行业不少人知道，康师傅的通路精耕二十年前就已提出，不断发展，据说内部版本已经到了八九十版；上海三得利啤酒通过深度分销，在上海占得一席之地；可口可乐提出了101（或CSS）系统，来因应百事的竞争；华润雪花啤酒研究了四套分销模式在企业中推广……看似在快消行业言必深度分销，其实，真正能实施深度分销的，也就多是一些头部企业，绝大部分企业并未真正实施深度分销。

但行业普遍知道，深度分销这套模式，有作用，是正途，能抵御竞争，目的是在区域市场获取市场领先地位。实施深度分销的企业都知道要下沉，要服务终端客户。但相当部分的企业虽知道深度分析的作用，但他们没有真正实施。所以，我们真正追溯，深度分销更多现在是一种通用的市场精耕细作的说法了。

既然是通用说法，那就无所谓深度分销还行不行得通了。

但是，如果不从通用角度看，从专业角度来分析，那又如何呢？

深度分销，就其深度来讲，确实变化很大

原来的深度分销，六定法则。

基于业务运作与管理，企业需要进行远程、分散性拜访与管理，需要设定六定规则，来实现业务执行到达市场终端。

但说实话，定人、定线、定产品等，现在通过移动互联手段在手机上就基本可实现了。还记得深度分销开始前，企业要花大量的时间，来做电子地图吧？

而现在的电子地图，百度、腾讯、GOOLGLE、高德地图等，就可轻松实现。通过手机上的各种工具，甚至一个工具集成，就能实现即时、真实的远程六定管理状态。

并且，这个工作，无论是通过企业业务人员，还是经销商的业务人员，均可实现。

所以，深度分销中的“深度”，现在也是存在的，也是能实现的。

不过，是不是需要像原来那样通过人员完全肉身拜访呢，倒是不一定。

当然，现在不少原来实施深度分销的名企，已经进行了收缩。毕竟，太多无效的拜访，确实效率不高，投入又太大。

分销，是一定还要的

即使现在的B2B、新零售风起云涌，看似在渠道中间有巨大改变，但实际上，渠道分销的功能并没产生多大变化。

还是需要商流、信息流、物流、资金流。

现在的中间变革，基本还是这些如何排列组合，或专业独立，或还是一体化而已。

近期有一篇自媒体文章，说东鹏特饮砍掉了所有的业务部门，交由经销商进行市场运作，掀起行业热烈讨论。后面东鹏特饮专门出来辟谣，说自己其实针对实际情况，实践了三种不同的模式：有的是企业自己直接服务终端；有的是帮助经销商服务终端；有的是经销商自己服务终端。这也就是说，分销中间有非常重要的一块，就是商流—营销能力，这还是离不开人的。只是这个“人”，到底是企业的业务人员，还是经销商的业务人员，还是通过其他方式部分取代或转换这个“人”的商流职能，还需要针对实际情况探讨。

人的用处，机器、移动互联、大数据均不太可替代

虽然大数据有可能比业务人员更懂客户，并且更能给客户提供订单意见，但是销售服务、沟通、竞争防御、问题处理、市场开拓，还是需要人的，并且还更需要人的专业性。

所以，深度分销，应还是存在，甚至对新快消企业而言，还是可继续推进的。

只是，要充分利用到移动互联、大数据的能力。

所以，新快消时代，我们还得努力。

再谈经销商的变革、转型

近几年，经销商被B2B、新零售给搞晕了。问题不是一天晕，而是天天晕头转向，因为总是有各种不确定的模式、突然的什么类型爆发了，然后又新产生一种什么社区类的新渠道，等等，经销商给搞得时时发晕。

真的是完全不知道怎么干了！

阅读完下面这篇分析性文章后，您能否有自己的思考？

经销商的使命：用服务传递商品，并实现自己的商业价值

此波迷惘，最大的混乱，可能来自外界的各种打散，希望在经销层级进行重构。不只是原来行业的经销商，而是一些跨界进来打击的同人们，而他们的套路、方式、背后的支持与资源，可能我们完全看不懂。

应该说，前几年，各种来路的尝试，现在已经基本告一段落。作为投资人，我们也在这个风口浪尖持谨慎态度了。另外，整个经销商B端层级的创新创业，背后的环境条件要素，都在下半场有了新的不同。所以，也是可做些总结了。

其实，笔者对经销层级的变革是非常有期待的，但在过程中，我们发现，前期的期待，对过程中发现的还是前路漫漫，主要是因为如下几点，并没实现突破。

经销商上端有密密麻麻的各类制造商（或品牌商或品牌制造商），下端有庞大的终端与消费者结构。经销商层级要没有两端的沟通与融洽，是很难突破成功的。笔者曾在茅台、五粮液经销商大会之前，写过一篇文章，名为《没有一个行业的变革是靠经销商来实现的》，不看内容，就知道这中间的逻辑。这次的经销商变革难以突破的原因，也和这篇文章里提及的差不多。

其他不多说，就这些，其实要归结到经销商的功能与使命当中去，那就是用服务传递商品，实现自己的商业价值。

所以，“打劫”上下游、通过软件来突出自己的能力等，都得围绕于此。否则，可能就得付出相当大的代价去打散自己辛辛苦苦建立起来的渠道体系与重建新的渠道体系。

经销商，只能排列组合这些功能。信息流的革命果实，你难以弯道超车

所以，如果如上的逻辑成立的话（事实上，笔者作为投资人，从逻辑上，也没能听到一些渠道创业者，有更好、更新的说法），那么，经销商就可继续沿着此逻辑进行自我审批与规划。

将某个或某些功能剥离，做专业配送商、拿单商、仓储、资金拆借、信息商等。并在此方面做成一方独大，且有成本、专业等优势。否则，原来就在此经营的经销商群体，不太可能将此功能的业务剥离给你。

将如上某些功能进行组合，将一个功能或多个功能做成一方强势。同

样，社会分工合作规律起作用。

通过移动互联的借用、以及对未来数字时代的准备，将自己打造成移动化、数字化经营的经销体系，给上游制造商品牌商更好的分销或决策支持，给下游更“多快好省”的便利与有利经营。

产业链、供应链做得更完整。通过服务与配置，为更广泛一些的行业或终端服务。

其实，经销商基于上下游的存在，并没有太大的创新空间，但腾挪与发展空间仍是不错的。

经销商，价值在于传递商品或服务，而不是上下游打劫

上面已经提到，经销商不能在上下游价值链中进行无顾忌的自我发展，但可借用原来的存在，进行横向拓宽，这是可以的。

另外，通过借用技术，提升与拓宽服务能力也是可以的。

但是，要打劫上下游，也不是不可以，但是，作为最终能促成消费者产生购买行为的价值链的中间环节，要么或使品牌增值，或与品牌商共赢，或是通过自己的服务让上下游一方面损失或受压，但在另外一些方面出现一些支持与促进。

经销商，其实历来只是在于通过多商品的传递，产生服务利益。连嘉御基金创始合伙人卫哲也说，商业服务就是四个字：多快好省，并且现在好像还没有几个中间商这四个字能同时实现，连阿里都不行，那么，我们本身处于中间位置，就不要再左奔右突，觉得机会无穷、空间无限了。

经销商，一些突破流量获取的传递价值，能实现商业模式的突破

当然，还有一个经销商是可以创新与发展的，就是在现阶段下，实现

流量突破。

虽然说下半场已来，产业互联网在发力，数字时代也来临，但是，线上，就是与流量有关，这谁也不能否定。

所以，能获取公有流量、能产生自有流量，能对流量进行转化，流量能给上下游或者自己提供经营、管理、电商等价值，也是可尝试的。据说，1919这个电商公司，其流量数据都能产生增长率最高最好的收益了。

经销商同盟、合作

只是合作，需要格局胸怀、需要舍得，需要一帮志同道合的人。这种经销商之间的合作，在至少未来十年，还是有红利的。移动互联、数字时代的合作，打破限制，更大的场景、更信任的认知，都能为可持续优良发展奠定基础。

消费品渠道变革，阿里是样板

最近，阿里在B2B、新零售方面，进行了改革。B端给了易果，C端放到了盒马。加上其他的一些调整，好像是找到了消费品渠道变革的正确思路。

电商、B2B、新零售迷茫了消费品业渠道变革

近几年，促成消费品业的制造商、品牌商进行渠道整理、变革与升级是件很不容易的事。

电商，不仅冲击了渠道中间商，而且还在线下进行疯狂布局。B2B，使一些中间商、跨界营销营销商，出于希望自己迅速壮大成长的动机，不断

冲击制造商、品牌商。

新零售，这是渠道最接近消费者的末端，因为有了消费者在平台上购买产品，他们也想在渠道中多分一杯羹，甚至打出了制造型零售商的渠道通吃定位。

而只有制造商品牌商，受制于业已成型的传统渠道系统与运作体系，又最远隔市场，从而类似于砧板上的鱼肉，任由渠道中间成员、以及跨界“打劫”者，对自己的渠道体系“动手动脚”，而无还手之力。

消费品业开始了些许渠道变革的星星之火

虽然在相当长的一段时间里，快消品的渠道变革是迷茫的，但出现了可以成为燎原之势的星星之火。

原来宣称决不在线下开店的酒仙网，现在的主要业务就是线下开店。这说明传统渠道没死，而且恰好是新旧融合所在。

阿里、京东宣称要线下融合百万小店，现在的小店也只是传统的订货方式加上些许的 APP 订货，好像并没有成为电商的附庸，反而是电商融合进来了。在相当长的时间内，传统小店仍然会以传统销售为主。其服务市场、消费者的基本功能与能力，都不会有大的变。

虽然传统渠道的中间商是死了一批，但现在也还只能说明，传统的渠道中间商，有一批迟早是要被时代淘汰的，但现在还不能断定中间商就不应该存在。

快消品业的 B2B 商，现在几乎找不到一家声称自己非常成功的。品牌商虽然曾被冲击得摇摇欲坠，但现在好像都缓过神来了，已经开始了自己的救赎式摸索。迄今为止，我们没有听说任何一个关于传统制造商和品牌商直接破产倒下去的消息，传统制造商和品牌商有的仅是业绩下降的不安以及增量难续的焦虑。

这些都表明：快消品行业颠覆性的变化已经不太可能有。而结合自家渠道已有的特点，进行科技性改良的现象，倒是经常会发生的。

现在的 B2B 商、电商、新零售商都前景未明

盒马虽然已经开了百家店，所谓坪效很高。但要想持续实现不需要补贴、不需要引流的利润，盒马其实还有很长的路要走。关于 B2B 和新零售，我的观点就是：渠道的颠覆与突破，牵扯到的东西太多，受相关因素的影响太大，仅凭胆大创新是难以实现的。

没有哪个行业的变革是由经销商、中间商来完成的。从现在的 B2B、新零售企业来看，赢利模式很多还没有被挖掘出来，未来前景以及在渠道中的位置与作用到底如何，也还有待时间来证明。在笔者看来，这些 B2B、新零售企业对自身价值的定位，大多有偏差，等等。

如永辉超级物种为何被剥离，首先就是在做餐饮还是到家，创始人兄弟之间就存在很大分歧，且赢利模式未明。

快消品行业的 B2B 商家，很多已经倒下，很多不得不与制造商和品牌商谈合作，甚至只得以提供某些工具、数据、服务的角色出现，从而换取以图东山再起的些许喘气机会与发展空间。

以上这些，都是新模式在经历几年的发展后，自身难以为继的表现。

阿里好像开始上道了

笔者虽然非常不认同阿里盒马鲜生的制造型零售商定位，但是阿里将易果、盒马鲜生等进行统一规划的很多举措（在笔者看来这些举措的内部逻辑还算正确），还是值得一书的。

该规划的主要意思是模块化。

通过模块化，实现每个模块的清晰发展路径，以及在总体销售体系中

的定位，使渠道销售体系不会因为所谓新技术的应用，而在结构出现未来去向不明的变化，从而各司其职、各得其利，实现系统的良性运转。

这种变革与调整，绝不会动渠道的根基，因为它的出发点不是颠覆渠道，而是出于认清了渠道本身的发展规律与内在逻辑，而走上的可能正途。

这跟颠覆、打劫不同，自己还是要归位于应有的职能。

新快消时代，不同于互联网、移动互联网时代的流量第一、商业离散到集聚的风口猪乱起飞的时代，需要的是有逻辑、有章法、有节奏的合作协同，只有这样才能实现产业互联网的深挖，从而从原来的加法式增长发展到协同之后的乘法式增长。

模块化，其实就是原来的渠道功能商，各司其职

原来的渠道，分销、终端就实现了商品分流到消费者面前。虽简单，但非常细密有序与覆盖。

我们知道可口可乐原来在渠道建设上，有二十二条渠道，这还不算，还对各个区域进行“井田制划分”。

青岛啤酒，也是有“井田制”的类似说法。只不过，在这之上，渠道运营，还多了一个“尖刀”式的表达，以示市场渠道运作的难度以及尖刀插入市场的攻坚信心。从这里也看出了渠道运作，并不是现在的有了数据、有了平台与电商，就能轻而易举地获得市场的永续掌控权的。

在原来的渠道里面，商流、物流、信息流、资金流等，在如上简单的结构中，进行合理顺畅的应用，然后，通过厂家的渠道管理系统，进行计划、组织、协调、控制、合作等。渠道商也获取自己分销服务而得的应有利益。

而不是像现在的混乱之际，跨过自己模板的应有职能，去抢夺其他模块的职能、利益，不但鸡犬不宁，且最终还得回到这个基本逻辑上来。也没

因为自己有了移动互联科技、数据、更多钱建设的物流，就来颠覆一切。

给制造商品牌商的启示

为什么制造商品牌商对渠道失控无语？主要还是因为移动互联，可以让初入行的商业从业者们无门坎地获得与消费者的直接联系并在线上开展沟通互动，从而对潜在消费者产生了更大的影响力。

其实，制造商品牌商原来就有数据、建渠道、造系统、搭结构、有组织能力的优势，但在移动互联时代，制造商品牌商除了优势弱失或大失之外，还离消费者越来越远了。

渠道或服务优势的暂时迷失，这并不代表制造商品牌商就成为时代的弃儿了。白酒企业江小白虽然屡受一些媒体或同人质疑，但其作为制造商品牌商，在渠道建设上，我们却还是要说，其在自身上是有一些清晰的本质认识的。

江小白一是做好自己的事情，虽然白酒消费是小众消费，但是在竭力做好小众市场，虽然产品口味被人诟病，但其始终是完全一心一意向消费者示意示好，在这方面不遗余力。在渠道建设方面，也是做好自己的部分，并与饮料乳品等业的名企一样实施深度分销与服务。并且在2018年的得到（原逻辑思维）年度大秀“永远的朋友”上，自己作为重要的合作商出现，也是认识到在传播渠道上，自己也与合伙伙伴，进行友好合作。

我们相信，即使这种不确定性还将大量甚至长期存在，但是，如何厘清自己的产业链、利益相关者、合作伙伴、协同者各处优势，进行专业化的分工合作，这是社会规律，应是特别值得重视的。

其实，只要自己认同消费者资产，都是最重要的资产，将原来的优势，结合经过实践试错后得出的自有升级之路，从而进行开发、变革、能力打造，是仍可取得渠道的主动权的。

第二章

新快消　新行业

什么是新快消业的产业互联网

现在都在提产业互联网，并且腾讯这个以 C 端社交为企业 DNA 的公司，能将企业进行大规模组织调整，来匹配自己未来的产业互联网发展。

消费品行业自然不应怠慢，那么，什么是消费品业的产业互联网呢？

产业互联网释义

产业互联网（Industrial Internet）是从消费互联网引申出的概念，是指传统产业借力大数据、云计算、智能终端以及网络优势，提升内部效率和对外服务能力，是传统产业通过“互联网 +”实现转型升级的重要路径之一。

消费品行业是最传统的产业，如白酒的工艺，可以传统到几千年不变，照样现在还在卖。而食品饮料业的水，无色无味，也是一支重要的产品。如果真能够通过互联网来实现转型升级，或许能给消费市场带来一个时代的跃迁。

这应是一个行业很期待的事情。

消费品业的产业互联网不是 B2B 和新零售

B2B 和新零售，这些虽然都是近年消费品业比较亮目的概念，虽然也都是 B 端的内容，但只是跟消费品的商业实现有关系，并未涵盖到产业上游如供应，以及产业的主要部分如发现价值、创造价值等。

另外，这些只是产业的中间部分。并且即使是中间部分，未来在中间部分的占比，也并不明朗，有可能 B2B 真正留存的，新零售能够发展的，并不大。这里已经在当下有些转向，如阿里一直在所谓的“新零售”方面发力，但在逍遥子张勇的张罗下发布的《阿里巴巴商业操作系统》，已经能隐约看出其未来的一些商业高度与走向：商业最重要的还是底层能够为价值传递更有力的支持体系。

B2B 商、新零售商，并不能扛起整个产业链的价值发现、价值创造、制造、消费者价值挖掘与提升等大旗。

消费品业产业互联网的发展，底层是什么

虽然，互联网也是商业发展过程中的产物，但是由于涉及人与人之间的的交流、交易、交付、交割等，所以无论是工业、商业、还是服务业，它都能够撬动。

消费互联网的撬动，以“交”为主。

而产业互联网，则撬动的可能主要是“交”的对象、关系、流程等。产业互联网主要撬动的消费者业，还是数据底层。如上文提到的《阿里巴巴商业操作系统》，就是将要帮助企业完成“品牌、商品、销售、营销、渠道、制造、服务、金融、物流供应链、组织、信息技术”等 11 大商业要素的在线化和数字化，在赋能商业升级中促进消费升级和产业升级，打造助力中国经济发展的新动能。

我们要在数据底层下思考，来看如何促进消费者产业互联网发展。我们要在数据底层下行动，来实际促进消费者产业互联网的未来。

数据底层从何来

原来消费品业是有数据基础的。

深度分销的业务人员每天拜访，都能取得底层销售数据，只是原来不

是移动互联，其实际应用未能像手机端的应用便利。这是外部数据。

而内部数据，则可通过 AI 人工智能、物联网，实现数据的不断收集。

伊利于 2018 年发布了自己的基于数据战略的数据系统，其牧场、生产线等，都已经有了数据的入口，实现了数字化牧场、数字化工厂的升级。而其号称为“浑天仪”的营销系统，则将全国的终端店进行链接，实现了其市场数据的收集。

应该说，消费品企业要进入产业互联网，找到数据入口来实施数字化，是第一要务。

这方面，还不能只是天猫、京东的一些结果数据，需要企业有自己的后台与自有的系统。

当然，如果要借用移动互联网的流量，最好先从 SAAS 合作切入。有条件的再慢慢转为内部独立系统。

可能消费品业产业互联网的大空间在这里

消费品本身是一大行业。现在的投资人都说看“消费”类创业项目，其实，也相当部分是包含在这里。原来的消费品业主要指包装消费品，其实一些能运出偏远地区的生鲜、特产等，也应是消费品的新生部分。

从整个消费品业价值链来分析。

一是采购。

二是开发、设计、生产、技术等。

三是物流配送。

四是仓储。

五是营销：如广告、公关、推广、促销等。

六是销售：这又包括销售管理、渠道建设、经销商合作、终端合作与维护等。

七是服务：售前、售后、售中服务等。

八是可能还包括最前端的种植与培育（如生鲜的基地、乳业的牧场等）。

消费品业的产业互联网已经在路上

产业互联网的构建，需要熟悉行业、并且对产业互联网、软件、saas、企业管理、营销与销售运营、市场等都有深刻了解与洞见的团队，才可能成功。这也是为什么B端的产业互联网，是BAT等需要深挖才能切入的原因。

不过，消费品业的产业互联网，已经吹响了前进的号角。首先，一些行业头部企业通过这几年与互联网企业的合作，已经或正在取得数据化的基本路径，可口可乐、雀巢、统一、康师傅、伊利、蒙牛等都正在采取行动。其次，阿里、腾讯都已经把消费品业的产业互联网打造作为重点，带动行业一些企业如泸州老窖、1919等进行产业互联网的一些突破。第三，中国的一些软件开发企业，也在近期将重点转向了对企业进行深度产业互联网服务的产品开发。我们相信，在未来的三至十年，将一直是消费品业的产业互联网打造的黄金时期。

消费品业产业互联网内部搭建

消费品业的内部，可建立大量的移动互联新生经营管理系统。如OA、移动CRM、移动ERP、SFA、TMS、WMS、电商商城等软件，或者整合成一个系统。我们接触不少的消费品企业，其实，现在已经都有将这些方面整合成一套体系的需求，或正在进行自我尝试。

并且，这些上面的操作应用还不算，基础数据库，也是可作为一个整体开发。

有了基础数据库信息和经营管理信息，企业就可打通到市场，进行新产品开发、消费者沟通等。

并且随着AI、云计算、物联网的发展，生产、仓储、搬运、损耗等等，均可实现内部一张网。经营决策随着这些信息的全面、完备、真实、即时、互通，从而实现理性、量化决策，解放人力，也避免大脑决策的局限。

未来的企业，毫无疑问，就是数字化企业。

消费品产业互联网的外部拓展

经过实践，消费品产业的渠道建设、经销商管理、终端服务，已经能够实现产业互联网式的管理与合作。

我们都可称其为部门化管理与合作。

另外，订单、仓配、物流、市场调研与市场回馈、粉丝互动、编外业务的开发与合作、退换货管理等，这些都已经可实现融合。

消费品业由于从原材料采购到最终的消费，其节点非常多、场景非常广、受众面也非常大，将是一座座金矿，值得挖掘。作为产品创新相对较难的行业，也是未来增量业务的重要支持，也是企业经营管理升级的基本路径。

产业互联网成功的关键，是传统与新工具结合

实现传统与新工具的结合，需要懂行。这种懂行，不只是实践，还需要实践上的提炼，甚至是总结。

主管人员需要跨界跨部门的强大综合能力，也可能要能融合技术团队的实力，还得有对新思想新事物接纳与融会贯通的主动性与能力。既然是

升级，就还得要打破原来的老旧思维，敢于尝试，多方积累，才能取得破局的可能，实现产业互联网的跃迁。

5G 时代，新快消企业如何升级

中国互联网理事会会长说：4G 时代是移动媒体时代，而 5G 时代就是真正进入移动时代了。

没有任何其他定语与表达：真正的移动时代！

这确实又是一个令人兴奋，却也更让人难以预测的未来。

消费品业与 5G 一样，与人们生活息息相关。5G 将会对快消业产生哪些可能的影响呢？作为消费品业中人，我们如何应对、升级或改变？

消费者的改变

消费者本身，可能会有些什么改变呢？

首先会有更多的时间花在移动工具上；其次会有更多沟通、更多购买行为通过移动工具来完成。

那么，企业作为产品消费的价值创造主体，就需要考虑以下问题。

一是在满足需求的方式方法工具手段是否更丰富呢？

二是产品是否只是原来的基本功能需求就够了？

三是服务是否在以前不进行服务，以及通过中间商、终端商非体系化、甚至没有粗暴的服务就够了？

四是一些消费场景是否更丰富，甚至调整了？

可能，从企业的角度来看，现在要准备的未来动作，应该还是不少的。

战略需要基于消费者进行调整。在这方面，我们不说食品饮料，连最传统的白酒业，茅台、五粮液、泸州老窖、汾酒，它们的战略已经都与消费者、智能、数据、5G时代的变化有关。五粮液的掌舵人甚至在历届人大、政协会议上提案。

组织结构的设置方面。组织结构的设置其实就是战略落地的具体行动之一。组织结构的设置，就匹配到人才。这无论是经营、管理、电商等各方面的人才，在这个巨大变革的时间窗口，其优势都只能持续几年、甚至几个月的时间，这更需要消费品企业的人才具有紧迫性。

科技的变革，就需要准备开展技术的改进。

确实，消费者购买方式变了，代表市场变了，消费者的需求变了，企业的经营管理都要变了！

4G时代，平台已经在排挤企业了

据某国内一流调研机构的调研报告，4G时代，平台商已经挤占了一部分制造商品牌商在消费者的心智。

现在是灰度时代，可能还不是终局。但如果这种趋势不可逆转，又加上5G更加直接与促进平台商、中间商与消费者的联系，则制造商品牌商的形势更显紧迫了吧？

所以，在5G到来之际，制造商品牌商有解决路径吗？

大数据不可避免！

数据就是市场、消费者、用户在线上的表现形式。

对这个新市场，你不抢，就是竞争对手的了。流量也是越来越贵，这就跟原来在线下抢市场一样，先入为主。对于后入者而言，在时间成本、费用成本、人员成本等方面，肯定都是壁垒更高，投入更大。

未来的5G，就是真正的高速公路。公路修好了，车、驾驶者在哪？

这都需要制造商品牌商自己打造。

云计算等能力方面的打造

5G时代，手机肯定就是一个真正的移动多功能终端了，当然其他的移动互联终端，如智能汽车、甚至家族音箱等也在大力发展。

对于快消品业的制造商品牌商，如下能力值得探讨。

经营软件系统。从4G时代开始，在企业软件行业，已经产生了很大的变化。原来的单向的、封闭的、从上到下的管理软件，企业的需求已经有了改变，经营类、直接提升业绩类的需求越来越强烈。原来的基于管理流程开发的软件系统，市场越来越小，功能越来越不足。所以，快消品企业需要及早布局与改变。

其他的应用科技的及早接触与试应用，也是应该现在就关注甚至启动的。5G的底层技术变革，对企业经营管理变革带来的影响，不言而喻。

探讨基于5G的消费者部落。建立社群、社区、互动机制更迅捷的组织结构、职责与人员培养。

更开放性的经销、中间体系。企业在渠道中间的作用必须越来越参与中彰显越来越大，并且关系真正从‘商’的独立方，到真正的‘合作伙伴’。又加上4G时代的电商对中间渠道体系的冲击与可能性颠覆，使制造商品牌商要将更多的精力投入到5G时代的渠道关系重构上。

可能的无边界情况下的合作加强。跨界、联盟、合作，又提到到一个前所未有的高度。

产品不能像5G一样升级，但服务要到位

产品传统，当然也得利用科技改进，进行更精准的消费者洞察，从而

提供更能满足消费者多层次需求的产品和服务。而服务意识、能力、组织构建、培训支持、人员培养等，都是提升服务、创造价值的必须。

这次的服务升级，应与以前也有很大的不同。以前，通过外包或者利用一些工具，企业的服务职能看似离消费者越来越近，其实内心越来越远。

有温度的、无隔阂的服务，可能要成为5G时代的重要服务方式，这也可能成为未来的真正的核心竞争力。上面提到的平台已经成为重要的背书了，平台主要就是靠自己的服务来传递价值。

所以，利用方式 / 方法 / 工具，甚至是人机融合，实现服务直达，情感直达，文化直达，除产品功能与消费之外之上的文化、内心直达，将成为5G时代的重要发展手段。

未来，消费品企业得有自己的路由器

路由器，相对消费品行业来讲，是一个多么科技化的词语。

可是，也是未来不得不应用的一种新经营管理升级手段。

因为，你可能得与整个价值链的上下游企业建立链接。

ABCD这些还只是原料

ABCD可能让人听起来都觉得新奇，其实这就是几大新兴产业的缩写：其中“A”代表AI（人工智能）、“B”代表Blockchain（区块链）、“C”代表Cloudcomputing（云计算）、“D”代表BigData（大数据）。这些，是数据时代、智能时代、物联网时代的基本元素。

我们也不能因为懂或者知道这些概念，就升级了。

甚至，我们不能因为上了某个公共平台、免费应用了某个基本软件，而认为自己就进入了数字时代、智能时代。

如果针对移动互联网，所标记的产业互联网时代，可能还差得很远。

现在是信息互联，将来是价值互联

信息互联，相对非移动时代而言，脱离了单向、从上到下、封闭而已，其还没有融合价值、共生属性、互通体系、幂式发展的可能性，以及完全打破边界，实现了竞合共存和跨界相生。

虽然移动互联的交流、交易、交付、交割的能力，不像原来的中心化。但是，也是有小中心的，如围绕单个企业、单个业绩或发展目标推进。

信息是有信息源，一般基本是制造商品牌商主导。

但价值是整个产业链上所有成员都存在价值。有的是发现价值、有的是创造价值、有的是传递价值，有的是实现价值。

信息互联是不自觉的，而价值互联，则需要规划、设计、统筹、融通。价值互联，还将使目标消费者的需求得到更有价值的满足，而价值链内部各层级、各环节，也可能得到自己更多的价值体现与价值回报。

升级与发展路由器，将各个价值层面进行聚合分发

为什么要在消费品业提路由器发展体系呢？

因为消费品企业作为普通日用消费品的制造商品牌商，其面对的是普通大众日常消费，所以，一般来讲，受众很广、区域没有限制、消费场景多、日常接触频繁。所以，企业也算比较大、中间环节经销商也多而全、终端更是密密麻麻，全国六七百万小店可能都是自己的产品能到达的终端，中国十几亿人、全球几十亿人可能都是自己的目标消费者。

同时，供应商也可能不少，如就有专门的全球或全国性上市公司专门给可口可乐提供原料。

这样，在消费品业，上下左右，关联性就较多。

快消品企业正好可以在未来的数据时代，发挥自己的组织性能力，成就行业更美好的未来。

以数据为底层，通过经营管理工具，进行价值互通与最大化

传统消费品企业本身组织化运营能力非常强，行业发展时间长，积累了非常的运营管理经验，也积累了大量的高精尖人才，只是在移动互联等变革的灰度交接之时，由于企业的转轨与革新发展，有其行业或企业自身因素，从而短暂的踟蹰发展。

从未来来看，他们还是有极大的优势。首先，其本身一直就有数据通道、数据积累，只是数据应用、数据更新等，还需要利用新技术。其次，各环节、流程本身顺畅，也只是没有移动互联环境、数据应用的基于更新技术的使用创造传递与交换。

所以，只要有合适的自己的数据库、系统、工具、手段，将数据玩出花样来，就有可能将数据转变成黄金。

路由器，以价值为核心，以需求满足为目标

企业原来就可能存在OA、CRM、ERP等，以及还可能存在计划系统、财务系统、物流系统、经销商管理系统、订单系统等多种内部系统，而有的企业还没有。一是原来的企业是科层式的，有上下级的授意与沟通即可；二是外部沟通通路由于现实条件也并不畅通，没必要实现开放或具备其先进性；三是传统运作下的管理，不必太精深，越简单越直接越好……而数字时代，是一个底层以数据打通的时代，封闭已经几无

可能。

企业必须积极行动起来，建立起价值相关者的路由器，以自己为主导，成就以目标市场、利益相关者、自己利益为导向的企业新生经营管理系统。

这样，或许主动权还将能够掌握在自己手里。

新快消业难道还缺 ABCD

ABCD 是近期的新词，即人工智能、区块链、云计算、大数据四个词的首字母合写。这完全是新经济的说法，以及移动互联升级的方向。

快消业是传统经济，生产、制造的生产线、场地、设施，更是传统甚至难以改变与升级的。

本身快消业这几年静寂、焦虑却无破局方向，ABCD 是否就是快消业没实施，或未来必须的配备呢？

快消业有这些行业特点

一是数据多。

二是场景丰富。

三是需要认知才能产生购买欲望。

四是一定的冲动性购买。

五需要丰富多彩的活动与行为，建立与消费者之间的长久联系，形成品牌。

可口可乐是代表性的快消企业，原来提出的“看得见，乐得买，买得起”的消费主张，也使企业采用了大量的广告、强大的销售队伍，来促进产品的无处不在。当然，传统时代，信息不对称，售点多，企业也开发应用了不少经营管理营销软件，来促进这些的实现，如在信息不发达时代，可口可乐在青岛建立了一个数据中心，可口可乐北京装瓶厂为获取这些数据，当时就花费不菲专门从青岛“拉条专线”到北京，另外，每天北京都有几十上百人在一线营销与销售和收集数据。但这些数据由于不具备移动时代的即时后台，从而其对企业经营管理决策应有的作用还有待发挥。

ABCD有什么特点

人工智能的场景不受限制。

成本低，可代替一些重复性、无须太多智力支持的行为。

大数据，多标签，有后台，持续性，可进行分析，最终即时真实得到决策信息，并可通过一些形式，进行信息推送，给目标用户消费者，以及产生互动，建立情感。

云，则是庞大的、无边界、可叠加、可打通的企业线上经营管理电商体系系统。私有云，等于建立起了一个企业内部无边界经营管理决策系统。

据某投资人工智能的顶级投资人介绍，人工智能在现阶段，别看有些方面还很弱智，体验也不好，但是，人工智能在最简单重复不太需要思考判断决策的一些工作上，其作用肯定也是颠覆性的。而消费品业无论是生产、还是销售等，确实存在诸多这方面的替代可能性。

而又据阿里云某副总裁对人工智能的看法，他认为，人工智能、大数据、云方面，阿里马云作为DT数据时代的提出者，三者其实是一套相融相通的系统，云是基础，数据在上面跑，数据无论是出来之前的通过AI收集，还是收集后通过AI进行计算分析甚至决策，能够在没人干预的情况下，进行数据时代的一体化操作，实现闭环性的数据时代的基本性系统构建。

我们也看到腾讯对云的失策，从而不得不进行大规模的全面的战略与组织调整。我们也看到产业互联网的发展，首先可能就是底层的数据能够进行共建共享等。

创新科技的ABCD，或许，这就是作为数据时代生存、可持续发展的“ABCD”。

新快消与ABCD

而这些，对于消费品业来讲，未来无论是继续大规模的生产经营，还是在个性化定制化生产经营的创新，这可能都极有助于实现。

ABCD在现行阶段，只要是能有助于企业建立产品、制造、消费者联系、触达，以及营销的改进，就应先积极探寻与拥抱。

ABCD一些是基础搭建。等于甚至大于一个新企业打造的程度。可从数据开始做起。

云可以开始在公有云上试点与应用，找出模式了，再考虑私有云。

积极留意AI发展状况，时机成熟、费用允许等，可增进AI的使用。

ABCD，创造与改造一个新行业与企业

我们应该感到非常紧迫。

首先，5G马上就要商用了。5G的到来，将会更快速促进数字时代的发展，以及企业的数字化成长。

其次，国际国内其实有不少研究机构、创业团队已经开始在进行人机融合的研究，并一致认为，ABCD与人机融合等高新技术，无论是理论

还是实践，都已经快到一个临界点，很快能够实现大的突破了。而到了人机互动的时代，对于整个工业、商业的颠覆，是否又到了一个高度，这很难预测，但这对于集聚更多智力、能力、资源的积淀的制造商、品牌商来说，未来还是很值得期待的。

移动时代商业对制造商、品牌商的冲击波正在慢慢消退，越来越多的消费品企业也在前期的合作、试错中不断清晰自己的未来，也开始看到自己的路径，也正在开始进行自己的创新升级。或许，一个新的行业，正在到来。

第三章

新快消　新营销

品牌资产？不，消费者资产

快消品业喜欢讲品牌。

如宝洁公司的品牌经理制，使不少CEO产出于这个部门。

如世界第一个广告公司产生于当时可口可乐需要做广告，要做品牌传播。可口可乐公司也从来不认为自己是个饮料公司，而是个品牌公司。

可是，在移动互联时代，好像不那么讲品牌了。

移动时代，以及未来的数字时代，品牌向何处去？

品牌真的要消失了吗？

品牌是一种印象

品牌印象，有可能是品牌商刻意打造的，是单向的、从上到下的、不对称的，甚至是虚假的。印象式的品牌形成，在信息不对称时代、在信息通道封闭的时代，认知又大于事实，于是，只要印象越深刻，品牌就越深入人心。

当然，这也让一些企业钻了空子，如那些不良地板商们、三鹿奶粉之流。

基于“品牌是一种印象”的认知，于是，企业不断地做广告、不断的鼓吹定位、不断地重复……只要消费者记住了即可。消费者也不都是专家，他们中很少有人去追究品牌宣传后面的真相到底是什么。但一旦他们记住了广告词，形成印象了，那么在购买时就会产生不自觉的购买行为。

移动时代，不是印象第一了

是的。不是印象第一了。君不见，消费者需要场景了，需要认知了。

这种认知，他需要参与感、互动性，那么，信息跟事实越来越接近了，他们才会更认同与购买。

这样，由场景、互动、体验等形成的认知，比原来的干枯印象，是更重要了。

有的人说，消费者主权时代来了，于是，消费者需要真实信息。而真实印象，不是通过你持续的宣传、主张，就能实现的。这样，场景越真实，越接近实际消费理念、心理、行为，则拥护与购买的程度越高。

而移动互联，打破了原来的单向的沟通方式，消费者必须有回路，必须要有互动，并且，他们通过互动、体验，形成最真实的产品印象与认知，或者从亲戚朋友处通过他们的转发、点赞、评论等，获得真实认知。

可以说，移动时代，如果不是印象第一、认知大于事实也行，那么，做品牌，可能就真的不是原来的那些套路了。

这样推理，品牌资产，也就可能不是原来那样的内容，以及形成的机理了。

消费者资产大于品牌资产

从上面分析看来，品牌商要让更多的目标消费者来消费自己的产品，则在现在的无边界沟通环境里，不如直接跟消费者产生联系与沟通。

这样也就是说，通过与消费者群体本身直接沟通产生的沟通价值，比通过做广告宣传来获得目标消费者认同，更重要，价值更大。

这是不是可以这样说：其实消费者资产本身，比品牌资产更重要。也可能以后，就是只有消费者资产，而无品牌资产了。

这或许就是一些人认为，移动时代，品牌不重要了，可以不做品牌了，品牌的作用越来越没有了的原因。

消费者资产形成的重要形式——大数据系统

为什么马云这么早就预测到未来是数据时代，阿里如此万亿级的电商平台，不是电商公司，却是数据公司，看来，他是看到了数据后面的消费者资产了。

为什么现在的大数据创业，基本上都难以盈利，但仍是一条重要的赛道，因为在投资人看来，数据服务、数据盈利还不是这条赛道上的投资者所关注的重点，因为他们认为，数据就是资产。

为什么现在创业公司动不动就说“画像”？就是因为消费者的消费理念、心理、行为等，可通过其浏览、消费、转发点赞评论等行为，对应一定的标签，这些标签越细致，则消费者的“形象”越接近真实，消费者资产也就越到位，从而建立在消费者资产上的品牌商、零售商的营销行为则越精准，成效也就越高。

快消行业，一般来讲，消费群体巨大，如果这些数据越庞大，则不仅可以针对单个消费者进行精准营销，而且针对这些消费者数据所展开的各种数据分析，可以提升品牌商的产品研发能力、竞争规避能力、营销能力和销售业绩。

新快消，消费者资产第一

消费者资产如何来做呢？

首先，点滴收集或导入原来的消费者数据。通过贴标签，将消费者数据化、标签化。

对接营销内容、销售板块、服务内容、互动工具、资讯空间等。

将有价值的信息、服务、产品等植入到数据化、标签化的大数据系统。

有条件的，可建立一定的社群，将大数据系统进行社群化黏性加强，以及价值开发等。

通过在顾客中培养部分铁杆粉丝，甚至编外业务员、编外营销人员等方式，可以进行无边界的消费者资产积累。

快消行业，在移动互联时代，由于不是靠商业模式来取得突破，所以，行业一直是比较沉闷的，好像没有什么声音、没有什么发展，没有什么创新。其实，好戏还在后头呢！

未来消费品业，传播如何促进销售

那些只谈传播、营销，而不谈业绩、销售落地的新式营销策略，可能真不是你所需要的。

其实，剖到最底端来看，可能是不真正了解理解移动互联网吧。

营销销售一体化

传统经济时代，营销、销售基本是分部门而治的。但在移动时代，营销销售一体化，是大家都比较认可的一种机制。

这是因为消费者就在手机端，因为有了移动支付，因为有了可终端手机展示以及互动的可能，所以，营销销售一体化，是可能的，也是许多同仁认同的。

其实，营销一体化的概念并不新鲜，在非移动互联网时代，笔者就曾推出这样的概念：终端品牌一体化（即企业在做终端销售时，其实品牌工作也可进行、有的行业也需要一起进行。这是能促进一些企业做好终端的软、硬功夫，也能当时就促进用户客户下单购买。

但是，在移动互联时代，更有意思的是，由于线上沟通不需要面对面，因此，在购买之前的营销行为如推介、活动介绍、互动等，更利于双方取得信任来实现最终成交。

从传播到互动

沟通方式从传播到互动的转变，对企业来说可不是小事。因为传播通常是单向、从上到下、封闭的甚至是虚假的，而互动通常是双向甚至多向、互通的、开放的、真实的、即时的，从传播到互动的转变，不仅需要企业更新设备，而且需要企业改变甚至颠覆经营理念。

这种营销人员与消费者的直接沟通和互动，在未来可能就是营销的常态。为了顺应这种与消费者进行直接快捷和针对性强的互动式沟通，现在就需要企业从思想、行动、培训等方面做好准备。

从传播沟通到互动式沟通，方式不同，但结果都是为了促进购买。我们知道，靠传播沟通，还是与销售有一定距离的，企业的销售部门就一直有抱怨，市场营销部门的方案没有什么效果，不能促进销量的增加。

其实，互动也是一样，要避免表面热情内心却并不接受的问题。

传播也好，互动也罢，如何建立信任，才是个终极课题。

IP化传播的误区

除开企业有意识的打造、包装 IP，否则，现在的不经意的个人、专家 IP 化，有可能是会越走越窄，甚至也是不妥当的。

因为，个人 IP，在全媒体全曝光时代，只要一篇负面文章，一个极端观点，甚至是一个偶然的误会，那么，他的正向价值就不在了，甚至正向价值成了负面价值，反而会对品牌有伤害。

前几年，不少企业都热衷于将创始人打造成网红，不断地抛头露面，随着移动互联的认知成熟，这种做法的负面效应可能会越来越多地暴露出来。估计不久的将来，还是会回归到一个平衡状态。

如近些年来一些企业家的不慎不当言论等，最终都使个人IP化宣传，给企业带来相当大的损失。

所以，笔者还是倾向于组织化、规范化打磨IP，在此之下，再进行IP传播。这种做法可能短期内效果不如某些个人IP化宣传，但也不会出什么大乱子。长久来看，效果也都还不错。

其实，原来的请明星做广告，就是类似现在的IP一样的存在。

另外，建议一定要基于产品或服务调性，来进行IP传播，否则，要么看得不专业，要么看得没价值，要么看得很滑稽，要么越搞越差，最终反而认知下降，对品牌造成损害，更别提销售业绩提升了。

社群传播已死，社群联盟是未来

社群成员之间太熟，又非常难组织化，熟处无风景，所以，一些社群现在基本玩不下去了。

但社交与商业的融合，这肯定是个良好的发展趋势。

所以，现在有社群联盟、合作的迹象，这也是未来趋势。一则我们知道，移动互联时代，不是金字塔式，而是波纹效应，一个波中心，通过振动，向外无边界扩散。如果社群之间不建立联系，成为一个个封闭的整体，则这种扩散裂变能力会越来越弱，最终成为死社群。一旦几个社群联盟、合作、互动，则会形成多个波中心、共震中心、扩散中心、裂变中心，甚至有些波纹在扩散后还能重合，并能产生二次共震及更大的影响。

同时，社群联盟作为组织行为，有可能让消费者或用户取得更大公信力。

现在流行的IP化，还能走多久

个人认为，只有组织化的IP，才能助力企业的未来发展。

个人化IP宣传虽然容易见效，但这种效果不见得能长久维持，有的甚至就是几秒钟、几个小时、一天而已。

这种效果，企业不应去追。

像那些能在生产线上和体系化方面产生持续影响的组织化IP宣传，才是企业应该考虑去着力打造的。

并且，在IP化、传播、互动等搞得热火朝天的同时，我们还要时刻提醒自己，提供优质的产品与服务，才是能最终实现良好销售业绩的根本。没有产品和服务，其他都是空中楼阁。

消费品业推新品越来越难了吗

消费品的推销越来越难，仅说明消费者主权意识提升了，消费者越来越不好“糊弄”了。

消费者沟通，向左向右

消费者沟通肯定是越来越真实，但一定要越来越直接面对吗?

这样面对面的沟通成本高还不算，是否是必需的、唯一的一条道?

可能，现在不少企业认为，消费主权来了，消费者沟通方式也方便了，消费者就在你的APP、在你的社交工具、在你的网站面前，你就必须要直接沟通。

这是否是个误区?

消费者沟通，相信还会有新的方式

可能是具有新型移动互联能力的CRM。

可能是公众号的留言框。

可能是线下一些活动。

或者线上本身就有互动专区。

消费者沟通，不一定非得配备很多营销人员时刻待命，特别是快消品业，动不动百万、千万级的消费者，甚至几亿的消费者，完全依靠真人提供服务与开展互动；但即使AI时代已然到来，机器人的冷冰冰，也决定了使用机器人不可能成为是企业与消费者沟通的最主要方式。

一定会有些新的机制，来升级形成新的能力。目的是形成认知、建立信任、达成购买欲望，或许可通过多级、人工与智能混合、文字音视频结合、真实现场与虚拟场景、品牌商与中间商合作等多路径来实现新时代的消费者沟通。

产品沟通时间前置到立项、开发等阶段

原来的企业进行产品上市，基本都是内部进行会议讨论，讨论过程中，由市场或调研部门拿出调研结果，进行判断，然后拍板。

在这个过程中，消费者的意见只是做参考，或者印证。其实产品开发的决策，在决策者那里已经有基本判断了。很多时候开发产品，都是看市场上已经有了竞品，并且感觉销量不错或有一定前景，于是，企业有了自己开发的冲动。并且即使按调研结果来印证，调研结果也往往不太能反映

实际情况。

现在，完全封闭式、自娱自乐式的开发，可能都会受到一定挑战。

为什么叫消费者主权时代来了呢？产品开发，他们参与，可能就是主权升级的体现之一吧。

这也是小米为粉丝而生，粉丝前置性进入开发阶段，能提意见的原因。

我们的经验是：如果产品是消费者一起参与开发出来的，他们能反对吗？如果一个讨论意见，是执行者或最终购买者的意见，那么，他一定会用实际行动来支持最终的结果的。

消费者参与开发的产品会更有市场

满足需求，需求就在产品开发阶段，消费者与用户真实存在与提出，并甚至能提供改善意见。

比原来闭门造车好多了。

近两年，不断有媒体表示消费品行业的一些企业，开发产品不力，如娃哈哈的产品包装太老化了，六个核桃的产品线太短了只有一个大单品等。其实，这些微词有相当部分是因为人们不太了解产品开发的难度，但也体现了新时代，消费者对消费品企业产品更新、产品丰富度的渴求。

虽然消费品业创新难，但是，我们也看到一些小众的新产品在出现。白酒业的金东集团的“一瓶好酒”的瓶身创意征集活动，就是最传统的白酒业的与消费者的产品互动的一种体现。

还是那句话，消费者参与开发的产品，肯定是推广难度最小的产品！

另外，现在这么多的沟通互动方式，找到自己最合适的方式，与目标消费者进行紧密融合，建立信任，并通过移动互联方式进行裂变，这样的新品推广有时反而是更容易的。

商品数字化，是未来吗

商品数字化是未来，与一些一物一码商提到的一物一码，可不是一回事。

商品数字化，是制造商、品牌商为未来数字时代进行的匹配。

而一物一码，多是一种促销工具。

而两者的推进，可能付出的是同样都不小的代价，甚至一物一码更多。

商品数字化，流通领域已经开始行动了

据报道，2018 年 6 月，中国 ECR（Efficient Consumer Response，高效消费者响应）委员会联合京东、阿里巴巴、IBM、华润万家、沃尔玛等 50 多家具有国际影响力的零售商、品牌商、服务商共同发起了“商品数字化”倡议，倡议包含了流通领域企业加快信息化发展，大力推动商品数字化，商品数据需认真贯彻落实我国《商品条码管理办法》，遵循国际标准商品数据格式，规范使用商品条码，重视商品信息填报及维护，为供应链精细化透明管理打下坚实基础，促进贸易伙伴间数据互通、信息互联、业务互促等内容。

也就是说，商品数字化在流通领域的概念里，可促进数字互通、信息互联、业务互促，可为传递商品价值提供支持。

企业的商品数字化，数字时代的重要一步

新快消企业的商品数字化，则商品信息，可进入后台管理系统，这个系统通过持续收集、比对，则成了一套经营决策数字系统。

商品数字化，同一物一码只能将对应信息纳入二维码中不一样，而是通过大量的标签，将商品，以及商品的消费信息、甚至消费者信息，进行收集。

最终还可通过AI技术的加持，以及算法的应用，能够实现对企业商品、消费、市场等的了解，从而进行决策，以及提升业绩。

在可口可乐等快消业国际巨头企业里，已经比较早地实现了企业经营管理的数字化，如可口可乐的终端店信息资料，一百多个标签，早就实现了数字化的过程，在中国，这已经极大便利了中国几百万的终端销售店的统一应用与管理。

而随着移动互联的出现与蓬勃发展，商品数字化、商品消费的数字化，在新时代，都有了一定的机会去实现。

商品数字化，将人的ID与商品的ID进行融合

ID是移动互联时代的人与商品的基础编码信息。在移动互联之前，由于不互联互通，要么是单机，要么是PC的互通，存在难以有独立后台，逐步去进行数据积累，从而在标签分类后，可逐步形成的数据趋势、状态等。这些数据趋势、状态等，就是在原来的基础信息上，形成了经营信息，而这些经营信息，是我们现在所说的大数据时代的最坚实基础。

现在，人的ID，已经通过微信、或自有APP实现了，可是，商品的ID，如果能够再通过ID与人的ID在一个后台系统上，则可以实现真正的数字化市场。

这样就可实现真正的兴趣、爱好匹配，当然也就可实现真正的营销、销售匹配。

现在人们都在提的“人、货、场”，也将在数字化后，实现“人”“货”“场”基于数据的耦合。

商业平台的千人千面，就是ID匹配的结果

你买过什么，系统自动推荐周边产品。现在都说千人千面，就是在消费者消费产品或服务后，按照经营信息的情况，通过算法，推测你的喜好，从而进行产品与服务的推送。

新快消企业，虽然不一定能推荐更多的产品，但可将产品的本身更丰富的场景、背景、互动活动、社群以及更丰富、博大的内容推送给消费者、潜在消费者，这一定是未来。

所以，这也给新快消企业一个思考：你是商品数据化后，产品在营销上实现更“多快好省”的变化呢？还是只是一味去追求产品本身的口味、品种、品类的开发？

新快消业的营销，线下营销是否更好

看到不少的移动互联网营销，关乎流量、转化、粉丝营销，等等。

确实有不少行业的营销，适合一股脑劲儿往互联网营销钻，甚至完全凭借移动互联网营销，也未尝不可。

在快消业，在人们倾向于利用移动互联网营销，笔者反倒觉得，还是要有直接到消费者面前进行营销的认识，这样会更好。

到有鱼的地方去钓鱼

在营销上有个说法，叫作目标市场。即十几亿人，并不都是你的目标客户，其中应该只有很少的一部分人是你的主要目标客户，如只有某些区域、某个年龄段在性别、收入、个性等方面符合某些要求的人，才是你的

目标客户，从而将你的营销活动聚焦于此。

有句名言：到有鱼的地方去钓鱼。即到你的目标市场上，去搞营销活动，去亲近你的目标消费者。

新快消企业，更是如此。虽然快消品企业的产品普适性更高一些，受众面更广一些，但是，我们也知道，快消品是最讲 STP（市场细分、目标市场、市场定位）的，定位清晰，才有可能实现可持续的发展。

并且，你有可能不再焦虑。消费品与人们的日常生活息息相关，只要在线下有努力，那么，直接面对，就会有收获。到消费者面前做直接的营销，这是最短的路径。虽然，这很重，费用成本可能都不低，但只要找到经验路数，进行复制，那么，成本费用就会得到控制。

线上流量，越来越不能转化

移动互联的网状结构，跟原来的线性相比，看似机会多了，其实也代表你直通的那一条路径，被别的干扰条件影响，从而更劳神劳力的多了。

再则，ID 如需要购买你的产品或服务，同样缺少不了建立信任、进行有温度、有场景的更深入沟通。

移动互联为什么没有流量红利了？并不是流量减少了，而是流量难以转化成购买行动了。流量后面的消费者，他们的认知成熟了，对购买产品，同样需要线下购买过程中的一些等同 AIDMA 的消费行为过程，即引起注意、引起兴趣、唤起欲望、留下记忆、产生购买行动。而在线上，可能只是引起注意、引起兴趣、唤起欲望的一些方式方法工具有些不同而已。随着消费者对这些方式方法工具的认识不再那么肤浅、盲目追随，从而线上流量直接转化成消费行为的概率也就越来越低了，甚至因为太熟悉而不起作用了，他们跟原来相比，还可采取屏蔽措施，这就使线上营销的效果急转直下了。

粉丝不是消费者，快消企业只需把精力放在铁杆粉丝上

粉丝，相对上述的流量而言，与你的关系会更贴近点。粉丝可能多少跟企业有过联系，如或购买过，或关注过，或参与过，等等。

铁杆粉丝，可能是与你员工一样的角色，并且能实现自觉自主的营销或销售。

但是，这些，现在也都越来越培养与吸纳了。

线下的支持，才有可能将粉丝“有温度”的进行加固，使其也能贴上企业的“标签”，也可因为也都是从消费者中来，甚至好好培养，会有“意见领袖”一类的意想不到的作用。

不被轻易迷惑，直接进行消费者—市场—客户的沟通

快消行业是非常重的行业，直接搬到线上去，基本不太可能，毕竟虚拟世界，还是离日常生活有一定距离。我们也看到，无论淘宝、天猫、京东，其上的日用消费品除部分日化产品、茶叶、休闲零食，其他如饮料、啤酒、牛奶等，销量还是远不如线下的领先商品零售公司。

在没有找到自己的线上捷径的情况下（事实是也基本没有），不如直接进行业务人员拜访、直接开招商会、直接开拓客户、直接打电话、直接举办沙龙、直接搞路演等。这些方式，有助于建立直接信任、直接合作意愿，能够直接达成合作。当然，以这些为主，结合线上，进行配合、融合的营销、销售，则更是值得提倡的，只是“线下＋线上”，是“＋互联网”，而不是“互联网＋”。

线下营销，即使直接未达成最终销售，但也建立了直接关系，后续还可继续培养与沟通。

只要是有真需求、真意愿，放心，条件成熟，迟早会合作的。

线上竟然流量比线下贵了！

线上流量比线下贵了，为什么？那是因为群体太大，没有具体指向，单浪费掉的成本本身就非常多。

并且，线上的入口其实很小，一个手机能装多少 APP？你每天又能打开多少 APP？入口如此狭窄，流量只会越来越贵。

另外，线上信任的实现，更是越来越奢侈的事情。你花那么大力气流量、转化、粉丝，问自己一句，建立起了信任的关系？可以以商业的方式坦诚进行持续沟通了吗?

如果没有，那就是无用功，就是无效动作。

作为新快消业，不要被流行掩盖了。企业如果想看得见未来，还是好好直通线下，让线上配合，去这样做营销或销售吧！

新快消，新招商

网上招商，就真的可行，即实现了招商的升级吗?

其实，只要线上的流量比线下贵，就不存在网上招商更好的说法。

线下有氛围，线上有场景

氛围一定是大于场景。

因为场景，只是一个物理概念；而氛围，是一个心理概念，是能感受到的。而只有感受到了，才可能说有了心理触动，从而产生欲望以及最终产生购买行为。

情绪影响，比口碑还重要。

原来的招商会，看来又有了它的价值。且这种温度的交流，也是经销商和厂家都需要的。

线下有可信度，线上的信任机制却越来越难

购买行为的成功达成，来自信任。

别看每年的糖酒会，特别是秋季糖酒会，档口人员越来越稀疏，参会人员越来越少，但是，为什么每个企业、每个经销商都还在念叨呢？确实，厂商对招商合作，已经有了更多的形式，但那些形式，又绝大部分是在见面后产生了基本信任的前提下，进行更深入沟通乃至合作的方式。而糖酒会就是一个大家一起聊天沟通的场所与形式，通过现场见面的热烈氛围、热情招待，从而建立了良好的感情关系。

线上，其实就只有ID，这些ID背后到底有多少是可信的，无从探究。

微商为什么慢慢式微，就是产品方面，说的比唱的好听，而事实又大多不是那么回事，从而连朋友圈的消费者都不再相信微商的产品，转发链与消费链断裂，从而微商再没有在微信中生存的信任基础。

线上一旦认知形成，便难挽救

招商会上如果洽谈过程中出现理解误差，出现认知不对等，还可以通过单独进行沟通解决，甚至招商会结束后的吃饭、唱歌，都能够加深理解。

线下，也可对各种商品，进行比较，比较过程中，还可进行现场询问与深入了解，从而产生更真实的判断决策信息。同时，还可通过现场的沟通，取得可能的更优惠或特别的合作条件。

而线上，一个场景中，总是有对立面。另外，线上不利的信息一旦

发出，便给整个场景中的其他人，极易产生认同或不良的附和，并且甚至劣币驱逐良币，从而可能全面溃败或处于招商条件逐渐不利的场面。

新快消，利用到一些线上手段，做线下招商可能更好

商流，最好是见面的。否则，线上沟通再好也没用。线上交易随着移动互联网下半场的到来而越发谨慎了。

当然，马化腾也说了，下半场是产业互联网的时代，其实企业与经销商之间的招商，也应属于产业互联网的内容，或许，下半场真能产生更好的招商方式。

难解的消费品业未来渠道模式，怎么办

好像都在说，渠道商们受到了移动互联网、网商的大力冲击。

渠道真的被移动互联网冲击得摇摇欲坠，并且也不知道下一步如何开展突破式重建吗?

在中国，可一直是渠道为王。如果渠道出现无法升级的问题，这对企业和中间商都是一个很大的打击!

中间商需要有主观能动性的商业能力

其实，即使是到了移动互联时代，渠道中间商的功能与作用也没发生大的变化，还是那么商流、物流、信息流、资金流之类。

但由于移动互联，经销商分销背后的条件因素等其实都发生了一些变化。真的是现存经销商有一些方面对变化有些不适应，从而一有传言：传统经销商要灭亡了，就人心惶惶，还不知未来在哪里，去如何改变。

是的，原来的单纯的无主观能力的分销，现在已经有不少物流商、电商都能实现了。像一直就有经销商转型B2B是否是一条出路的探讨，近期又有传统经销商转型配送联盟的呼声，而更早一些在创业大潮红火之时，让传统经销商去做互联网金融，认为这也是一条发路子，而笔者作为投资人，也看到有传统消费品业经销商，想往改善促销手段的方向里钻……

总之，却没看到有多少人在强调，其实经销商最核心的能力，就是能够通过自己的不断努力，将品牌商的产品做大做强。

其实，中间商最重要的就是这种能力，这也是品牌商最期待的一种合作吧？！

除开主观能动性能力，其他方面都容易被打劫

品牌商的中间经销过程，其实也就是上面所说的那几“流”：商流、物流、信息流、资金流等，你不加强与升级，容易的方面，就被人趁机“打劫”了。

为什么消费品业的B2B商难以兴起，难被品牌商积极拥抱？主要就是因为，跟传统的中间商相比，B2B商在能力方面并没有得到加强。最多也就是因为时代的原因，多了一套移动订单系统，便于手机端下单。

其中的商流，也即分销过程中所需要的商务谈判能力，传统经销商没法超过品牌商自身，毕竟品牌商多有体系化的组织，不少还有自己庞大的终端训练有素和管理系统严密的业务队伍，甚至他们这方面的培训，也是全面系统和不断升级进阶的。

其中的物流，有些物流商，已远远走在B2B商前面了，他们能将成本费用控制在以分计，效率非常之高。

而信息流，现在的软件，已经成了基本配备，网上随时可以下载，没啥稀奇。即使进行定制开发，成本也降了下来，内容也基本成熟。

资金流，也有不断的互联网金融企业在侵蚀。

所以，综合分析来看，传统经销商似乎并没有多少出口，可取得商业模式的突破。

渠道，变革确实还有待观望

中间商的成长，需要很长的时间艰苦的努力。

经销商大多是靠自己摸爬滚打成长起来的，这种摸索，是需要付出代价的。

而现在来看，无论多大多牛的消费品企业巨头，在这方面，以前都没有做准备，现在的准备与研究，甚至协助中间商成长，还需要时间与付出各种成本才能见效。

而更难的一点现状是，京东、阿里他们也瞄上了这块，在跨界“打劫”，且各方面都相当有优势。

也就是说，渠道由于是品牌商产品到消费者的必经通道，而渠道中间商又是草根出身，野蛮成长，这样，中间可钻的空子又多，实施起来也不复杂，竞争规避程度也不高，从而渠道中间发展，还存在一定的变数，存在一些力量的胶着式的争夺，最终只能优胜劣汰。

所以，消费品业中间商的未来，各方面力量的抢夺、正压、倒逼、革命等等，还会在未来一定时间内存在。最终是谁胜出，或是一个什么样的平衡，还需观望。

渠道数字化，则更是需要期待和等待

就像品牌商未来的企业经营管理是数字化一样，渠道，未来的数字化也不能忽视。

回过头来看，其实移动化运作的B2B，就是中间商运作出来的，这其实就是数字化的基础。但传统经销商并没有因此得到真正的数字化升级，也说明这个层级的成员，其颠覆性的变革能力其实还是有待加强的。

没有一个变革，是通过中间商来实现的。或许，渠道数字化的升级，可能还得品牌商重度参与甚至主导，才可能成功。

您有做全渠道的心，但有做全渠道的力吗

前两年就听朋友说要做全渠道。

现在各种新零售如阿里、京东、苏宁小店都出来了，还有一些B2B，也是有各种呼声，要做全渠道。

渠道为王，是中国销售的传统意识。现在做全渠道，又会有什么不同呢?

渠道为王，首先在移动时代有新的意义

这新的意义，就来源于营销、销售现在可以一体化了。

占据渠道，营销、销售可以一起做，铺到消费者心智的道路、以及铺到他们眼前的渠道都完成了，这很好。好像渠道有了“双倍”价值。

以前的渠道为王

传统的“渠道为王”以及后来的终端为王，是不做品牌做销量的注脚

与具体表现。

但是，以前“渠道为王”还是有重点的。

第一，渠道费用、渠道政策，在一个企业里，比较重要。在当时，花钱做品牌，总感觉花了冤枉钱。

第二，在大城市做直营，重点区域做深度分销，在三线和四线城市做分销协作，在更边缘市场做批发分销。除直营外，各层次，基本都有经销商的支持与合作。

第三，反正设定各种渠道的政策，相应配人或不配人，就行了。

传统意义上的“渠道为王”，相对来说，运营套路还是基本一致的，都是分销，都有合作者，企业最多在商流上自己出些人力，其他都可交给分销商、合作伙伴。

新快消时代的全渠道，就完全不同了。

全渠道，信息流升级

基于移动互联的发展，全渠道最大的问题来自信息流产生的很大变化。

一些B2B商或新零售商，有了自己的APP，或线上订单通道，那么，企业如果跟他们合作，则要参与到他们的信息流当中，这不同的B2B商或新零售商，就存在企业需要配套的机制甚至人员。如可口可乐某区域与阿里合作，就得配备专门的团队，来支持该通道的合作。

另外，如上所述，基于移动互联的全渠道运作，不太像原来与以个体户为主的经销商合作，都是企业对企业的合作，中间的信息交互、要求、规则，与原来的相比都复杂烦琐。而且这些B2B、新零售有两个明显特征：一是新创，合作运营也未有太多经验与成形制度可循；二是数量可能会越来越多，而每家都有自己的体系与特色。所有这些都可能会给企业带来一定的运营负荷。

全渠道，有些渠道主权甚至在博弈或有了变化

在传统经济时代，企业与渠道的关系，是渠道为起始端，企业是价值创造者，渠道是价值传递者，所以，相对来讲，企业更拥有渠道运营的控制权，包括渠道模式设计、渠道成员标准的拟定、渠道政策制定、渠道考核与激励等都是企业说了算。在合作过程中，“企业将风险给了中间商，将利益也给了中间商”，相比较而言，中间商们承担了更多的责任与风险。

而在移动互联时代，有些 B2B 商、新零售商在信息流、资金流、物流，甚至消费者沟通与达成购买方面，都具有一定的优势，这方面双方存在比以前更大的博弈可能性，以及企业可能的利益丧失。

全渠道的思潮，导致一些企业的盲目开店

全渠道，顾名思义，就是啥都要自己做，或者参与。

特别是现在资本市场的侵蚀，一些企业觉得全渠道，一个都不能丢，再加上可能觉得某些进入与合作，可能还有初期的红利，所以，一些企业，甚至有自己开店的冲动。

如前文所述，开店，虽然能够在终端实施营销、销售一体化，但零售更多是传递价值的行为，而生产企业的第一要务是要创造价值，满足需求上。那一套商业零售的逻辑，与企业的“制造逻辑”相比，已然有很大的差距。茅台酒一直是经销商开店，最近据说可能要整治专卖店，也可能是专卖店呈现出一定的问题来了。终端开店，确实是一项差异非常巨大的工程。

全渠道，其实就是你十八般武艺都要精通

不乏十八般武艺都精通的高手，也不乏最终有些制造企业能走到这个格局。

真的有这个能力的，我们要大大的点赞。

但是，没作好各方面的准备，盲目追求全渠道状态，甚至创造各种条件强硬要上，这就要好好斟酌了！

有人说渠道占消费品业绩实现的七成

有投资人在研究了很多消费品企业，并且在投过多家消费品企业且成功之后，最终还是认为渠道在行业最重要，得出渠道出业绩的结论。

他的言论，给消费品业盲从新营销，不指向业绩与企业经营目标的企业以绝对警醒。

消费品投资王看消费品企业

该投资人认为，渠道经销商对一个企业的业绩贡献，综合来看，能占到七成。

并且中国的消费品行业，由于地大物博，各区域市场情况还不尽相同，且各地销售所处的背景条件也不相同，一个企业很难用脱离经销商的方式，来取得销售业绩。同时，全国的统一的传播通道还是以电视为主，除此之外，消费者得到产品的资讯也是有深有浅，所以，消费者教育、沟通、促销，也需要各地的“中间服务商”来进行承接。因此，无论是营销还是销售，渠道为主，是自然的，也是现实的。

而品牌，在消费品的各地区域，除开一些一直以来具影响力的头部品牌，消费者还是比较容易像可口可乐所说的一样：看得见是主要的影响因素，然后才是乐得买。而看得见是销售方面的话语，乐得买是营销与品牌话语。只是二者，不能只是看得见，也最好要乐得买，否则变成强推了。而强推在消费者主权意识越来越大的时代，会越来越走向没落，被对手抢夺。

渠道、终端与品牌

笔者并不是认同“渠道为王”的说法。产品不好，渠道再宽广细密，也没用。这也是娃哈哈的渠道虽然渗透到了中国的各个角落，但其推出的瓜子、衣服、白酒却依然卖不动的原因。

终端也不为王。原来我们不说，终端推什么，消费者就要什么。现在终端都自选了，终端也是基本卖得动了，才会主动进货，不太会去推新品的。终端在移动互联网时代，上面的经销商在做 B2B 尝试，自己这端又被阿里京东等在做新零售的洗礼，终端在市场上的主动权在当下也受到各种力量的挤压，未来到底在渠道中处于一个什么样的状态，现在还不明朗。

品牌也不能为王。原来的消费者认知，“认知大于事实”即可。像三鹿奶粉、圣象地板等，品牌影响力有了，但产品价值却名不副实。因为原来的品牌传播是单向的、从上到下的、封闭，有的品牌甚至是通过虚假广告打造出来的。随着移动互联时代消费者主权的觉醒、品牌认知方式的变化，品牌的影响力也在慢慢地式微或者说内在意义已经有了变化。

渠道即使不销售，也是销售各功能的承载

渠道在当下，虽然受到各种力量的倾轧，但还是最有“现实”意义的。

第一，渠道承载了我们常说的四流：商流、物流、资金流、信息流。这四个流程，基本上都要在渠道上跑才行。虽然说电商是另外一条销售通道，但电商在消费品行业，其销量始终难占主流，也是因为现实中物流的限制。

渠道，这能使企业的产品，能够流通到目标场所。并且这种集结再分销，动用的各种中间力量，使渠道力一直不太需要企业自建通道的投入，仍能获得源源不断的销售力的实现。

第二，渠道在中国有蓄水池能力，帮助企业疏解销量、库存与资金压力。

第三，渠道能进行竞争规避。中国的商业，还存在恶意竞争的空间，你不争取，对手就封杀，以及恶意竞争打压。让你不得不将渠道丰满，以防对手攻击。

第四，渠道对接、服务消费者。对于消费品业而言，消费者主权意识不断觉醒，且沟通已经无隙，企业不太可能全部涵盖，这也给渠道未来新的有价值的合作与意义。

无论外界如何创新，重的，可能就更具可持续性与稳定性

虽然消费品业在移动互联时代，受到 B2B、新零售、产品更替、电商无力等方面的“侵害”，但是，消费品业的根基并没受到颠覆性的影响。

即使阿里、京东们说掌握了数据，但其实消费品业的数据早在制造商品牌商手中，如可口可乐就能在中国某海滨城市同时查看全国所有小店的实时经营数据。只是这些传统消费品企业巨头，对开发移动互联业务，还需要一个摸索的过程。所以，他们也愿意放下身段，与新兴零售商合作。

笔者认为：下半场，将是传统制造商品牌商的主场。

渠道 B2B、新零售等，都可能会被制造商（品牌商）的经过系统性梳

理、更新与升级确立起来的新渠道系统所代替。

那些渠道，那些业绩

看尽了新营销的繁华，静下心来，还是销售、销售与营销的融合，是真正的企业未来。

只是，在未来，营销与销售的一体化，可能使渠道的功能出现聚合或者分离，产生一些变化。这种变化可能会对企业的运营提出一些新的要求。同时，基于新的数据底层上的营销、销售如何开展，也将是一项需要不断摸索以及不断升级的任务。

全渠道新零售都来了，做渠道的都懵了，怎么办

电商还没理解透，又提出个全渠道，全渠道都还没贯穿下去，连方式、方法、工具都没有，更不用提具体操作范式了，现在又来了个新零售！

有的商家说：我只是一个能生产自己产品的普通供应商。这些大弯，我转不过来。这么多概念，估计你自己也是晕了吧?！

传统渠道怎么啦

首先传统渠道下的无论是代理商、经销商、分销商、门店、零售小店都问下自己：消费品流通与零售业存在了几十年。现在传统渠道怎么啦?

是啊！确实消费者的购买理念、行为、习惯发生了一些改变。

确实是 B2B 电商在抢传统代理商、经销商的一些生意。

确实是零售终端小店老板手机里都装了一些可下进货订单的APP。

确实是KA渠道里的一些大型商城关闭，很多即使开着，也可用门可罗雀来形容了。

可是，这代表什么?

传统分销与零售就要被颠覆了吗？代表传统渠道就要灭亡了吗?

代表就要向全渠道迈进，要向新零售看齐吗?

传统渠道还会在

传统渠道还在啊！并且还会长时间存在!

您没看到，消费者的消费便利、安全、就近、即时等需求还在吗?

您没看到，B2B电商平台现在几无赚钱，未来怎么样，都还非常不明朗吗?

终端店装了各种APP，如果不是上游商家低价抢市场的话，跟你原来打电话要货、现在微信留言要货、传统的业务员都到门店来订货，有什么区别?

虽然KA中的大型商城关闭，但便利店却还照样火速增长吗?

其实，传统渠道不仅是一个国家的商业工程、企业的业绩工程，而且还是一项能提供充裕就业与创业机会的民生工程，他们不可能会被移动互联的先进性取代之外，这也是一项非常漫长的意愿工程：我就是普通老百姓，我就以这个养家糊口，我不需要改造，做点小生意就得了，不那么折腾!

全渠道是什么

要问什么是全渠道？有人会立马回答：全渠道就是线上线下呗!

可是，你还记得可口可乐的22种渠道吗？那不就是非互联网时代的全渠道吗？并且最近好像还出了个 2017 版的消费品三阶 200 多种渠道终端版本！

其实，即使非互联网时代这么多年，又有几家像可口可乐一样实现当时的全渠道了？您又能否将可口可乐现在所说的 200 多种线下渠道终端都做好呢？

所以，您干嘛要线上线下全渠道呢？线上如此多变，流量如此难获取且红利期已结束，自己做内容，那又是如此的考验企业的能力水平，即使这些都还不错，可这些又都得专业花费请人或代运营，费用成本同样下不来。这难道不是自找苦吃吗？

全民对渠道的焦虑

先来看看全渠道的释义：全渠道，就是企业为了满足消费者任何时候、任何地点、任何方式购买的需求，采取实体渠道、电子商务渠道和移动电子商务渠道整合的方式销售商品或服务，提供给顾客无差别的购买体验。

实体渠道的类型包括：实体自营店、实体加盟店、电子货架、异业联盟等；电子商务渠道的类型包括：自建官方 B2C 商城、进驻电子商务平台如淘宝店、天猫店、拍拍店、QQ 商城店、京东店、苏宁店、亚马孙店等；移动商务渠道的类型包括：自建官方手机商城、自建 APP 商城、微商城、进驻移动商务平台如微淘店等。

试问，哪个企业有如此实力能够将上述全渠道都做下来，并且做好？

而且拍拍网已经不再服务了，自建 APP 商城已经基本不太可能吸到流量了……提出全渠道的人，看上去有点不负责任啊！这是坑零售商、坑企业的节奏啊！

当然，归根结底，这主要还是零售商、企业等面对网络大潮，增量不知道从哪里来，而存量又在一天天的业绩下降，从而对发展无限焦虑的表现。

包括阿里、京东这些已经取得电商最大的红利的企业，他们也在焦虑，所以，他们也在进行线下渗透，进行线上线下融合。

由此看来，探索寻找线上线下融合的方式和工具，闯出一条独具特色的线上线下结合的路子来，倒是渠道建设最主要的！

全渠道到新零售

有人说：马云的新零售概念——未来的全渠道终端。看来，阿里系，是将线上线下的结合，就当作全渠道啊？

其实，马云的新零售，不就只是线上平台与线下门店的结合吗？

他的零售，能涉及电视购物、全国性版图中的全局性分销吗？

他的零售，门店之外的非标准化供销，如何归整？

如果您做马云的这种全渠道的新零售，那么，您至少得反问自己几个问题。

（1）团购不做了？

（2）电视购物不做了？

（3）全国近700万的小卖部市场不做了？

（4）企业的产品需要蓄水池来为业绩舒缓压力，您怎么解决这个问题？

（5）中间渠道提供给您的资金融通性，您怎么解决？

（6）您的订单，仅靠网上的社交工具不能实现，怎么解决？

总之，马云提出的全渠道新零售，对您来说不但不是全渠道，反而是清掉了你的原来一些渠道，而新零售，又看上去基本是店铺零售。

他的全渠道、新零售，对您而言，不但不能帮助您放大渠道空间，找到增量的基础，而且会触动您的渠道根基，进一步削减您的存量啊！成熟的渠道被舍弃，新的零售谁又知道能做得起来多少呢？即使做得出来，您会不会像淘宝一样，又掉进阿里收钱的坑里呢？

所以，全渠道、新零售，至少现在看起来，都是一些用来糊弄的概念啊！当然，我们不排除将来有部分零售商会向全渠道看齐，也有可能部分行业会在新零售上取得自己的成绩。

但作为精研渠道或者需要通过渠道实现自己业绩的企业主来讲，最好是“大胆设想，小心求证”，一步一步来！

我们做全渠道，又不做全渠道

做渠道精细化运营，让产品无处不在。这是可口可乐公司的目标，但可口可乐这个百年梦想到现在都没完全实现啊！对于普通企业而言，面临现在如此多的概念困惑，做好自己的优势渠道发挥就好了！

企业要做到经营最优化，并不需要做全渠道。像现在的线上线下全渠道，只是零售里的概念，你将分销渠道都忘了都丢了，业绩肯定是要下跌的！分销渠道有你商品流通流程中重要的资源与能力！另外，线上的社交电商、微商、自建商城、平台商城、入驻大平台等，现在都还有很多坑，要做也只能找一个先自己试着做，找那种将来对您提高效益很有帮助的渠道或者您预测到可能成为行业趋势的渠道来试着做。这样才能避免弯道超车失利时被直接摔出赛场外的危险。

第四章

新快消　新技术

让营销技术拥抱快消企业

有人说，传统营销、销售，已经形成比较固定的一些营销、销售方式了。

但是，在移动互联时代，特别是下半场，以及要到来的数字时代，营销技术，真的是可以大力尝试的。

为什么是下半场我们更应鼓励？因为上半场太多的创业者在商业模式创业，在试错，下半场，能留下来的一些营销新科技，基本有点靠谱了，大致可以应用了。

不在网上安个家，基本难以做电商

我原来主张，快消业无论是企业，还是经销商，都应尝试在一些平台、APP 上入驻，可以通过最直接的应用与测试，来了解移动互联网、来理解新技术、新商业、新交易、新交流、新用户、新客户。

另外，不入水，哪能学会游泳？甚至成为游泳高手。一些企业想做电商，却没在网上关注、使用，当然电商做不好。

除开一开始做电商，有些流量、客户的红利，现在在网上进行主动的应用与尝试，也是能得到一些非常好的商业发展可能的。一是因为经过几年的洗礼，一些不妥不当、伪科技、伪需求创新都基本褪去；二是移动互联——数据时代这条路径，已经清晰；三是短期内除开 AI 应用，新的颠覆性的变革，不太可能。也就是说，现在看好的，就可好好琢磨、研究，以及尝试应用了。

有后台、有数据，就有营销技术的可能

移动互联的最大特点，就是数据依据算法，产生一些可供企业经营管理决策的有价值信息。营销技术，就是如何吸纳数据、如何进行数据整理、分析，这是通过算法可实现的。

可以说，我们传统的营销、销售，别看说如何有精深的好管理系统，但其实要么是事后诸葛亮；要么真实信息与真实决策有限。

就拿以前的调研来说吧，作为全球定制市场公司成员，我们甚至有全球独特的研究分析模型，但是，就是调研的方式不同，都可能会产生不一样的结果，甚至结果相反，更不用说，调研还有样本量、样本本身的关系了。

现在不少营销技术，通过贴标签，对数据进行整理、分析，能够即时输出产品销售、市场、区域、人员执行、促销行为与情况、一线等诸多价值信息，实现即时改进与业绩成长。

现在更多的一些营销技术还只是分析工具

其实，我们更需要流量工具、转化工具等经营性的工具。

当然，不少的 SAAS 开发，在经过近四年的发展后，不少开发者已经认识到自己可能就是将原来的原始手工记录，放到了移动互联网上，或者是将原来的 PC 端的成果，进行移动互联封包而已，逻辑并没有什么大变化，也在经过不断洗礼，开始向经营性工具迈进。虽然 2018 年一窝蜂地上名片类工具，作用并不突出，但毕竟是从管理软件向经营软件迈出了一步。

下半场，静心一个一个流量、客户啃下来，好好转化，这样的效果或许就要好很多。别看现在的效果越来越不明显，红利期已过，但是，你的客户、潜在消费者是不是还在网上？再则，未来一定是线上线下融合，线

下是死啃，但线上，毕竟运用得好，还是能弯道超车，或者持续保持优势的，人类就是因为会利用工具，而从万千动物中脱颖而出，成了世界的主宰者。

新快消，未来是大中型企业营销技术开发时期

传统快消，主要是移动互联网与其原来传统操作，不在一个逻辑框里。所以，行业中存在人员换代、隔行如隔山、没有互联网思维等的说法。

但我们知道，线上线下已经只是融合的时代了。所以，快消制造商、品牌商已经开始理清逻辑，就差靠自己的开发来融合了。

相信新快消企业，在不久的将来，你们线上线下结合的水平，就是一日千里!

千人千面与行业变革

没有数据积累，没有算法支持，没有新科技带来的变革，哪来千人千面呢?

“千人千面”是什么?

“千人千面”，简单说，就是软件系统可以针对不同的消费者推与其需求相适应的产品或服务。可以说，每个消费者都有了与自己的消费习惯或行为相匹配的专属的商城。

例如淘宝，依你以前的购买、查询、点赞、评论、打分等历史，依据这些数据，收集到你的购买倾向性，从而向你推荐类似产品 / 其他品牌产品或者相关性产品。

京东，还把你贴上各种其自认为你是什么消费者类型的标签，如电子产品达人之类。

腾讯，在微信公众号文章里，也推荐你可能喜欢的广告了。在朋友圈中推荐的商户广告，也与你平常的使用微信习性相关。

每个人见到的页面、产品、广告、服务，可能都不相同。

至于同样的产品，会不会是不同的价格、促销手段呢？现在不清楚，但在技术上，其实也是可以实现的。

千人千面，首先应有庞大的数据

别看现在人们都在说数据，但收集数据真不是说着玩的。你得有数据入口、数据源、数据收集工具、数据收集群体、数据收集制度等，还得做好数据系统规划，明了各数据系统之间的关系，数据真伪甄别与筛重等工作也得布局……

并且，所收集到的数据应是持续的，而不是断裂的、间或的、项目式的、周期性的。

同时，数据，可不只是纯粹的基础数据，而企业更需要的可能是经营数据，包括消费者的购买数据、经销商的运营数据，特别是主要竞争对手的市场数据。只有将经营数据做好了，数据收集工作才有为企业决策提供支持，为判断企业运营状况提供有效的基础信息。

我们都知道，原先的员工经常要填写数据并限期上交。因为这项工作很费时，做起来很辛苦，一些员工最终被逼，就乱填数据。很多企业，数据收集了一段时间后，由于大家的暗中抵制，最后只得不了了之了。

而现在的用 APP、H5 收集数据，做个点击，数据就不知不觉上传了。可见，APP、H5 确实给数据收集带来了极大便利，但这上面的数据都“牵连”着一个人，因此个人的信息与数据的泄露问题，就成为未来数字时代的一个需要长期关注与加强的安全问题。

千人千面，首先是如何真正实现市场或消费者导向

对于消费品企业来讲，这是要进入数字化时代，首先要进行思想转变与行动落地的。

一些传统企业，虽然嘴上说的都是市场导向、消费者导向。但在实际运作过程中，相当部分还是“自己说了算”，产品也是闭门造车，或者主观上觉得“我是制造商、我是品牌商，我是整条价值链的顶端，我厂大欺客，我生产什么市场就得卖什么……”

所以，我们看到，市场经济发展了这么多年，还是有不少企业国代理、省代理、总代理横行霸道：渠道管理制度一大摞，对经销商的惩罚任意妄为，对终端零售商以及消费者反馈的意见不重视甚至蛮横不讲理等虽然据说有厂商之间的博弈，但更多时候，好像还是厂家在主导。

也有一些企业，表面重视市场调查、用户反馈，但是一线员工辛苦收集回来的市场数据和用户反馈的意见等方面材料形同废纸而没受到应有的重视和关注。市场调查只是领导交给一线员工的工作任务而已，并没给企业带来什么决策价值。

真正的市场导向、消费者导向，就是一切经营管理毫无疑问是以消费者为始，以消费者为终的。在产品开发、营销行动方面，均以一线为尊。一线信息，是企业最重要的经营决策信息，要持之以恒的收集，要放下身段和一线员工打成一片。新快消时代，企业成立一线信息、数据系统显得尤其必要。

千人千面，需要数据收集工具

做好数据收集需要有数据自分析之前的数据标签能力。通过贴

标签，对企业的行为进行整理和分类管理，从而为后续算法分析提供支持。

此外，做好数据收集还需要强大的人机融合或机器独立运算与分发之前的分析能力。也就是说，在工程师设计软件之前，必须开展全面的数据逻辑规划、数据输出预设、成果可能性预判等方面的工作。

也即是说，在数据收集系统策划完成数据软件开发，需要一位能够将业务、数据与技术开发进行对接的精英级产品经理。

现在，电商方面，做数据可能是以注册信息、购买信息等为主。这些现在应该已经有一些样板可以参考。

但是，如果企业自己需要数据，则可能需要有不同的思路来设计数据，或者通过一些手段，能够深挖到基础数据与运作数据背后的一些有价值信息。

如他们的查阅或购买信息后面的习惯、行为、理念等，以及是否有建议信息的入口。

作为企业的用户或潜在用户，相较一些大的综合平台而言，一般来讲，黏性更强一些，存在深度沟通的可能，就需要更深入的与他们互动，从而取得更深入更有价值的信息。

千人千面，需要算法支持

要实现千人千面的结果，就需要算法。其实就是将数据统计整理分析出来的结果，再依据一定路径，对消费者、用户推送与其需求吻合的产品和服务。

这其实，也实现了在移动互联时代和未来的数字时代，随着营销与销售一体化的发展的销售直推功能，以及营销内容推送功能。

目前，阿里、腾讯、京东、百度、头条等各新锐互联网公司，都已经基本具备了千人千面的能力。这种能力也是他们开展广告宣传、营销活动、销售活动的重要技术支撑。

其实，从这来看，新营销，可不是什么一些红包、发朋友圈、微信群链接之类的。这些，也将成为将来消费品业各个企业的新快消业升级的技术配备。

千人千面，是企业深度运营的一种表现

千人千面，后台是统一的，前台是个性的。这作为快消业的一种未来发展趋势，真正达到了共性与个性的统一，也能进行无限延展。

工业时代，标准化促进了大生产。数字时代，即使不标准化，也能实现大生产。这是一种进步。

其实，市场与用户所期待的个性化、差异化的产品与服务，并不要求企业的生产、技术设备也必须个性化，因为运用标准化的生产、技术手段，仍可以对产品进行个性化的处理。

当然，在这里，我们也要保持清醒的头脑，如果自己没有庞大的市场数据量，倒还不如不搞千人千面，用标准化的产品，加上个性化、定制化、针对性的服务，这也是与千人千面无异的商业能力！

这个世界始终是丰富多彩的。千人千面，会被更看好，因为这样的结果才是越来越接近生活本身的。

千人千面，企业得有匹配的互动、服务能力

虽然随着人工智能的发展，很多机器和工具慢慢都有了很高的服务能力。但始终只有人工的服务，才有真正的温度。

新快消企业如何应对阿里的新零售冲击

看到了盒马鲜生的新定位了吗？制造型零售商！

很明显，司马昭之心，已是路人皆知了。阿里的新零售，觉得自己掌控了终端、消费者后，觉得自己真正进入了数据时代，要全面“打劫”制造业了！

阿里好像在说：无论是制造商、品牌商、中间商，都见鬼去吧！

先不说，阿里对不对，结果与未来如何。

先看看我们自己怎么做吧！

阿里可能带来的影响

一是阿里做自己的商业帝国。美国有市场份额达三成以上甚至五成以上的零售商，阿里就是瞄着这个来的。那么，虽然阿里说，渠道分销必须归位，谁该干谁的活，谁就不应越界。其实，阿里就是自己想吃独食，将别人都灭掉！

二是自己的利益最大化。虽说实施买手制，遏制腐败与中间费用，但要厂家裸价，以及自己做五成的自有品牌。整个渠道链利益自己独占，不给其他人哪怕一分利益，甚至连你在市场上的位置都没有。

三是搅乱企业的整个产业链、价格体系、渠道体系等，甚至要调整制造商的生产线与企业运营。

个性化、针对性定制，可能是制造商下一步要重视的，但是否只变成阿里 c2f 的加工厂，那就是两个概念了。随意订制，这对企业来讲，一是产品可能本身不允许，二是成本费用，这可能是出奇的高！

四是话语权。阿里要话语权、主宰权。

新快消企业如何面对

阿里可能带来的这些影响，使新快消企业必须应对。快消企业在移动时代到来，并不如新经济下的创业企业一样，内心如此躁动，行业如此风起云涌。但是，商业要冲击的，最终不只是消费品类产品，还会有越来越多的快速消费品产品受到更深的影响。因为移动互联最终影响的不只是商业，还一定会对产业链上游的制造、生产形成一定冲击。

所以，快消品企业必须行动起来。

一是必须加大自己对数据、消费者、终端的掌控。这是企业本身应该要做的，原来做得不好，要继续加大力量做起来。

二是继续进行渠道管控与合作。阿里的新零售，从上面分析看，未来就是一个封闭的小圈子；并且超市加餐饮，并不新鲜，模式是否可持续发展也待更长时间与是否有利润等来验证。但其供应链能力确实是越来越不可小觑。

所以，快消企业应将自己作为商品供应链的起始端，继续加强与其他渠道的合作。毕竟那些是大头。中国的二、三、四、五线市场需要渠道和分销，专业化分工也是未来的组织发展的必须，虽然现在看起来好像都能形成巨无霸式的啥都可以干的庞然大物，但这不是主流。

三是提升制造与产品开发的能力、发展产品与品牌价值提升的能力。这些是新快消业存在的根本及可持续发展的基础。可以说，马云在新零售干了这几年后，又将原来提到的新制造作为下一步的重点，无论这是新零售的茫然之举，还是看到了这中间本身的逻辑，对于快消企业家来讲，自己的创造价值的这个最重要的工作，是一定要做的。

四是有限加强定制与个性化生产的能力。有的行业或企业，有市场消费基础以及内部改造能力的话，大胆去做。毕竟，满足消费需求的事情，还是要自己去做，或去多做。

企业面对阿里的跨界、多维打劫，是有压力，但也不必太担心的，主要是在于，商业更注重传递价值，而制造企业必须全力以赴来创造商品价值。

有些方面警惕，有些方面还是要放心

阿里挟持消费者、平台、技术能力，去满足部分消费者的需求，能力与潜力还是真的很大。但我们也要相信，其不可能工业、商业、服务、分销全通道通吃。做好满足消费者的产品与价值这一端，否则，真有可能让自己最终只是一个阿里的加工车间。

阿里要你裸价，就是在向你叫板。

你只要能创造商品价值，谁跟你叫板都没用！

营销销售一体化了，还是营销等于销售了

真正背负销售业绩的，是不太会只顾所谓营销技巧，而不基于企业目标、业绩目标去执行该执行的手段的。

两位投资人的现场碰撞

在一次消费品业资本论坛上，分别有两位投资人作主题演讲。

一位是消费品二十年投资老兵，他自己说，他跟其他很多投资人不同的是：喜欢上三、四、五线市场，喜欢下到市场最底层交流。那里有

最真的东西，让他来做投资判断。

另外一位是投资新秀，忙于在各种新思想中找自己的立足点。

新秀讲得一套一套的，所谓产品力、供应链、营销力、数据力、粉丝力，认为现在营销翻篇了。

投资老兵却跟现场的消费品制造商、品牌商、经销商像聊天一样娓娓道来，并说其实行业最重要的还是渠道。

现场就有听众反馈：没有谁对谁错，但将这些营销技巧当作业绩保障，肯定不现实。

营销的聒噪，销售的低调踏实

消费品业最近这几年无语，一是因为行业与产品特性，一是因为消费品业营销、销售发展时间长，对是泡沫亮光还是真实价值的营销、销售，能有自己的冷静判断。

甚至是现在最流行的 B2B、新零售，行业也是积极看待，但还是认真处理。最多也就是在进入试错后，才进行自我融合式的升级发展。

而说实在话，消费品行业的业绩，就是要靠销售拜访、执行到位，才能产生的。

据说，全国销售人员有八千万，而营销人员是否有百万分之一，都说不定。所以，真正的根基，可能还是要在销售执行上。

聒噪，淹没了业绩来源的方式——销售。

行业焦虑的原因不是没跟上新营销，是业绩没增长或下滑

消费品业现在的最大困境是：存量不知道如何保持，而增量不知道从哪来?

虽然现在一直在争论是消费升级、消费降级，还是消费分级，但作为消费品来讲，人们并不会因为一些变化，而不吃不喝不消费，日常消费从统计数据来看，并没下降。阿里“双 11”，仍是那么热闹红火。可能会有一些个性化、定制性的产品，会来抢走一点市场，但对于大众消费品而言，只要人口量在那里，总量应该就在那里。

而销售的一些相关词却是：区域开拓、客户数、合同量、终端数、拜访、周转、复购、订单、订货计划、销售额等。营销则是：粉丝、流量、阅读数、点赞率、转发、红包、赠送这些相关词。

二者其实在现实中，相隔还是蛮远的，如果能够通过这些营销相关词的内容实现，实现业绩的不焦虑，估计也是不太可能的。

营销花哨新颖，并不能去除焦虑。

营销销售一体化

在移动时代，有了变化。基于移动支付的发展，线上远程，营销销售一体化，实现了网上的特有方式。

笔者在可口可乐公司就职期间，就曾经提出过，“让每一个销售人员都能像营销人员一样思考”。其实，现在已经到了销售人员可以像营销人员一样行动的时代了。

在可口可乐，“让每一个销售人员都能像营销人员一样思考”的观点当时就得到了积极应响，以致后来形成这样一种决策方式：一些渠道营销、渠道促销、渠道拓展类营销活动方案，在到营销系统的部门领导或公司领导审批前，可提请销售系统的部门领导或公司领导审批。从而使最终的策划方案成为融合营销与销售两个系统意见的最佳方案。

营销销售一体化，在那些商品流转不如快消品如此高频的行业更易实施，但快消品业，营销销售一体化机制可能是更有业绩效果的一种未来发展方式。打破职能界限，协同各方为市场与用户服务，肯定有未来。

营销更是体系化打造系统

移动时代的营销，增加了网上发红包、社群转发等互动沟通技巧。这些技巧，由于没有自己的体系化目标、人员安排、联动合作等，都是做一次算一次，并未形成企业的营销体系，从而对销售业绩的提升产生可持续的影响。

以阿里的《阿里巴巴商业操作系统》为例来说明，应是再好不过了。阿里是商业感觉、商业结果要求最明显的，以致一些如假货横行、要求供应商裸价供货、要夺取制造商的利益做制造型零售商让人诟病。随着阿里巴巴商业操作系统的发布，我们发现张勇的未来阿里战略，已经是一种赋能的方式即通过给各利益相关者赋能来获得利益，而不再是抢利益相关者的饭碗。阿里们已经认识到，这种系统，才是不可复制的，才是最适合其定位的，才是最可持续发展的，才是最具价值的。

同样，新时代的营销，也一定是系统性出台，并能复制性实施，才是可具价值的，否则，东一招西一式，根本取不到什么效果，甚至还可能影响到企业可贵的发展时机。

精准就是更小众吗

精准营销、销售，是零售企业直接满足消费者需求的方式。

精准营销，就是利用信息技术不断完善营销工具、手段，做到更“多快好省”地直接触达消费者，使其产生欲望购买。

只可能是千人千面了，并不存在着更小众化了。

所以，现在根本不是小众时代。

从中我们也更看到，如果新营销都没有找到自己应该这样做的原因与目标，就更值得商榷了。

我们期待：系统性能解决企业目标市场与消费者问题的未来营销。

这些品类竟然不做营销还不够卖

近日，与一做投资的朋友聊天，聊天围绕其所投的消费类企业展开。当时觉得此类投资，有部分问题肯定涉及市场与品牌。

没想到，他竟然说，产品都不够卖，根本没有营销、市场、品牌问题！

这真能给行业启示了。

中国物产真丰富

我们平常在为企业服务的过程中，不断有全国各地的消费品类企业找上门来寻求市场拓展解决方案。

笔者由于以前的可乐、统一工作背景，从事的基本上都是包装类产品的服务。此类产品的销售都是公司上下全力推进。

但中国的消费品确实不仅有包装类产品，其他形式的消费品还是很多的。如正处在收获季节的核桃、小米、樱桃、枸杞、红枣……

农作物、农产品的产业化、商业化，还有非常大的发展空间。

消费产品的概念是否要扩大了

原来我们讲快消消费品，多是包装类消费品。那么，包装类消费品是否就代表快消品的全部呢？

这可能得从包装消费品的起因说起。包装消费品，为什么要包装？除开好看、能在包装上做营销外，主要还是为了便于运输、陈列、存放等。

如果大家认同此观点的话，那么，可能这里就有继续分析的必要了。

传统时代，由于物流运输不方便，沟通不方便，支付不如现在的移动支付方便，有些产品的保质期还很短，需要包装密封。有些产品，通过称重分包，更能标准化进行生产销售与进入渠道等。可是，移动时代，这些问题都已经不再是问题，或者得到极大的颠覆与改变。如物流运输现在当日达，半天达，在一些城市，一些商业机构还在推半小时、十九分钟达。基于新鲜度，一些消费者也越来越认同简易非称重非包装等。总之，随着信息技术的进行，人们的消费习惯与行为，都在不断改变。

中国物产丰富，交易又越来越方便。消费品业在原来的包装消费品的基础上，可望得到非常大的发展。

或许，这也是大家在谈到消费升级、分级时，谈论最多的是生鲜消费、社区团购中的土特产销售的原因。事实上，快速消费品的内涵确实扩大了。

一些新消费类产品，有时物流解决就够了

一些消费类产品，由于保温、运输等限制，就有运输半径。如新疆的无花果非常好吃，但就是难以运出。

一些消费类物产，当地政府不支持或难以支持，难以产业化，小家小户只能卖一点，没品牌、没甄选，没价值感。

一些消费类物品，合作社，一年到主要城市开一次博览会，就当作走出去了。

近几年，我们看到一些商业企业，开始做物流、做配送、统仓统配、前置后置仓、城市仓、当日达等，快递小哥、飞车党等新概念、新形式，

就是物流配送得到大幅提升的标志，而京东的被认同、商业模式的被验证，普遍认为主要是其建立了强大的物流配送体系。生鲜超市、社区超市、社区团购等快速兴起，以及不断的攻城略地，抢占了相当部分的消费市场。

基于物流配送的迅速发展，中国边远山区那些自产自销的物产，正在出乎意料地从土特产向大众消费品飞跃！

这将是消费品业的一次颠覆与革命。

这些产品，资本加持

通过有组织的努力，实现物产商品化、品类化、公司化运营。摆脱以前的松散型物产商品化状态。

通过策划，进行品类、包装、定位、价格等设计。

通过咨询，提供整体战略、营销、销售、管理建设，实现有组织的努力与盈利。

通过创业服务，实现人、财、资源的全面匹配。

由于这些产品，都具非常大的地方特色，有较好的口碑，有不错的体验，只要系统性地解决一些问题，产品是有销路的。

在资本的助力下，这些产品，将在原来的十年百年难突破的基础上，实现乘法式的、全国性无边界地迅猛发展。

第一产业化。逐渐地从原来的原生、自然成长状态，实现有产业链条、有产业支持、有产业格局、有产业伙伴与同行的产业性晋升。

第二商品化。逐渐摆脱原来土、特、孤、窄的无品牌的只讲究产品基本消费功能的状态，从个性、情感、文化等方面丰富产品的价值内涵，实现更有利、更广泛的消费认知。

第三品类化。通过树立一个品类，独占消费者心智资源，从而形成独特的品类价值资产，实现更快速的市场扩张。

公司化或组织化运营。通过有组织的努力，取得产业化、商品化、品类化、全域拓展、持续运营、价值管理与创新的全面能力，从而成就新一代的快速消费品！

营销是出口，但不是一切

由于消费品业，营销原来一直走在各行业的前面。移动时代的到来，行业好像不会营销了。

一些新营销，也还只是一些技巧，甚至是概念。

行业焦虑，其实，从这看来，也是能找到除营销之外的一些发展路径的。

所以，从上面提及的投资人现在专做这个赛道，发现相当部分的扶持起来的企业，现在根本不需要进行营销，货根本不够卖。他们只需要努力将货经过简易包装，将货运出来保证新鲜、本质即可。

这也说明：一是营销不是零售企业经营的全部；二是一直应以产品为第一。那些不够卖的产品，在当地都已取得相当高的认同，口碑一般都爆棚，品质也能得到考验。将这样的产品更“多快好省”地从农村运到城市，胜过一些营销手段的无病呻吟，以及一些营销技巧的花哨。

目前，传统营销是有些失效，但传统营销理念，很多还是接近本质。而现在不少所谓的互联网营销，则多是技巧，多不能复制与推广，不少在本质上也难以站住脚。而没用或很少用到科技带来的对营销的升级，则更是不可取。所以，我们期待随着背景环境条件的不断成熟，越来越多的真正的基于数字时代的营销体系，在未来不断得到发掘与应用。

企业成功来自资源与能力的投入与匹配

有些消费品，很难突破，有其特定的原因：如地理位置偏僻、不易保存、消费习性等原因。但随着移动互联以及商业社会的发展，包括移动支付给商业带来的革命性、颠覆性变革，有些消费品的发展突破，在当下是可深入探讨的。

期待新消费品业，通过更“多快好省”地发掘与满足消费需求，成就一个更“多大广深”的新快消业！

新快消，真的需要一物一码吗

一物一码，是近年来一些快消企业热推的移动互联新服务。

可以说，快消业是否需要一物一码，也是大家关心的问题。

快消商品，有了国家《商品二维码》

GB/T33993–2017《商品二维码》标准于2017年已经由国家标准委正式发布，其目的，也是为了满足企业和消费者对商品二维码的应用需求。该标准规定了商品二维码编码的三种数据结构：一是编码数据结构；二是国家统一网址数据结构；三是厂商自定义网址数据结构。

三种数据结构各有优势，可以满足商品上不同层级的二维码应用，能够将企业、商品、消费者三者连接的同时，又从编码源头为商品的跨国流通、完整供应链追溯和企业商品数据互联互通打下了信息基础。

也就是说，商品二维码方面的发展，也在紧跟时代节拍，并且有了国家标准，其数据结构中，也有厂家自定义网址数据结构。

也有企业在问询，是否可利用国家级的《商品二维码》标准，通过二维码宣传企业信息和优惠促销信息？答复是：如果企业有自己的二维码信息服务平台，可以选择自定义平台展示页面，将已有的商品信息展示网址登记在国家平台，消费者扫描二维码即可跳转到已有商品信息展示网址。这是国家平台的 OWS 服务来实现标准中的国家统一网址数据结构。

看来，商品更深入、更自主的编码，已经受到了国家的重视，以及应用鼓励。

新一物一码，码上及背后的信息，可无所不包

“一物一码”百度百科定义：即利用云平台将消费者、企业、流通三者连接起来，从而能提供全面的 O2O 营销、防伪追溯、仓储物流等解决方案的一种技术。

凭借“一物一码”技术搭建起实时动态智能化大数据促销服务平台，实现促销全程可控，礼品及促销力度动态可调，完成传统促销线下到线上的完美衔接，有效地增强品牌与消费者之间的互动，有助提升影响力及传播力。

也就是说，一物一码，一是信息，可灵活插入甚至更换；一是范畴可是产品、品牌、促销、渠道、企业等信息，还能进行互动，可以说包罗一切你想要表达、宣传、推广的内容。

一物一码，从百度百科的定义上来看，主要是想应用到促销管理方面，可追溯、可控、可调。

但是，说实话，这主要是要形成习惯。

当然，也需要大量的宣传，让人知道，你这里面有些什么玩法。

瓶盖有奖促销的启示

我们要知道，原来的快消行业瓶盖有奖促销，是国际巨头企业带动起来的。

我们还记得，电视广告里销售人员现场兑奖的场景等，这些系统性

的、经年累月的工作没少做。

再则，现场就可再来一瓶，活动的成果，消费者即时能感受、体验。瓶盖有奖，最疯狂的时候，啤酒、饮料，消费者买了以后，就当场即时消费，当场就能兑奖，兑完奖再消费，那种得便宜也好、幸运也罢的感觉，给很多人带来了欢乐。

也就是说，瓶盖有奖活动也好，其他促销活动也好，这些促销活动的载体与内容，仍都脱离不了大量的宣传，以及消费感受。所以，一种好的消费行为与习惯的培养，快消业大企业的参与必不可少。

使用产品再扫码，这种习惯形成才是关键

这种习惯，需要大力推广。

而单单靠一物一码公司自己推广，可能很难实现最终的理想覆盖。如何借助品牌商的力量来促使消费者养成扫码的消费习惯，可能还需要策划相关的营销活动。

而品牌商能否最终持续应用一物一码，又与其是否将这背后的数据、信息进行应用或管理有关。

所以，长期来看，这种在快消品的消费过程中，增加扫码这么一个步骤的做法，能否成为消费者消费行为和习惯的一部分，还是有较长的路要走！

第五章

新快消　新工具

如何在中国实施客户数字化

不少软件开发商经过不断地对企业服务的思考，近期对客户数字化，也提出了自己的见解，开始实施自己的客户数字化开发路径。

如果软件开发，能了解企业的营销、客户运营，就更好了。

埃森哲研究：仅7%中国企业数字化转型效果好，为什么

据报告，中国的企业数字化转型主要存在如下几大需要改善与提升的问题。

一是“一把手”推动的问题。58%的“转型领军者”表示其转型是由企业最高决策者来部署和推动的，相较之下，其他企业的比例只有42%。

二是品牌活性与客户关系的问题。企业需要时刻关注客户洞察，以此保持品牌活性以及和消费者的超高关联度。

三是生态系统赋能的问题。企业需要培育生态系统思维，联合外部伙伴打造以开放平台为基础的数字业务，并通过开放式创新连通上下游以及消费者。

四是数据驱动的问题。企业应当掌握前沿技术，打造坚实的数据供应链。

五是打造动态组织的问题。打造专业、灵活和适应性强的员工团队，推动企业由静态组织向敏捷型企业转型。

企业要数字化转型是系统工程、组织工程、生态工程、老板工程、市

场工程。

但最基础的，可能是需要一个入口，而软件公司的软件就是这样的一个入口。

数字化转型效果不好，仅仅是因为刚开始吗

软件行业有同人认为，企业才开始，时间还不足。真正要有好效果，时间多了，就没问题。

笔者却不这么认为。

笔者从事营销与软件业开发工作多年，在这方面进行过多次、多层次板块的探讨。主要有如下原因。

开发技术人员、创始人，多不了解营销。

即使创始人了解一些营销，但认知也多局限在其曾经接触过的行业里。要开发适合多行业应用的软件，则往往被认知局限到了。

以卖软件为主的思维作怪，卖服务、贴身服务，为企业经营、业绩负责的能力弱。

以流程、管理等工具型，或所谓数字化为主，主观能动性不足。

借用当下最流行的一个词：认知。也就是说，软件业，只是一个技术开发行业，要深入了解、洞察到企业的真正的数字化需求，以及提供解决方案，在企业与经营者不规范、不成熟的环境中，认知有局限，难以真正提供相适应的价值。

管理软件的思想，而非经营软件的思想在作怪

在非移动时代，这种类型的软件可能还有一定的生存空间与发展机会。因为企业的需求也不复杂，只要电脑上有套软件，可辅助管理者管理

即可。

随着企业管理层、员工、消费者用户等都在一个移动互联网上，这类没有经营思维的管理软件，就应作彻底的思维改变了。

如果给企业提供改革支持的软件开发者不能改变思维，那么他们开发出来的软件成效当然就不会太好。

数据没有运营

数据如果不运营，或者难以运营，则如同传统时代的企业管理者，叫员工每天填报表，但填完回来后，即永久性束之高阁一样，可能一点经营价值都没有。只是给安排了员工一项工作任务，而员工完成了一项填写任务而已。

数据的价值，一是来自可供决策。决策者信息不对称，需要得到第一手资料作参考。

二是来自本身工作的改善，能从数据中发现不足、错误等。

三是来自给相关部门的协同工作提供支持。利用数据将相关部门打通，实现工作在不同层面的融通。

四是持续的数据，能看到发展路径、趋势、相关影响。

五是在不正确的信息露出苗头后，还能利用改善机制，自动或人工进行工作改善。

如果数据不运营，如上几个方面的价值，均难实现。

而数据运营，可能是客户信息数字化的重要方面。而不只是提供一个数据收集的入口。

另外，数据运营，是活的，这对软件开发者也构成了一定程度的挑战。

客户数据到业绩中间的逻辑并不一定清楚

客户数据，可能永远只是停留在收集、整理上。

而将客户数据转化成销售业绩，则需要经历主动发起沟通、了解需求、寻找产品与服务价值、对接需求与产品服务、让欲望满足、产生购买、交易支付等环节。

而这些过程，在传统时代，基本不太可能做到。软件当时只是节省了某些环节的工作时间而已。而有的软件，连时间都不能节省，甚至还会降低工作效率。只是感觉用软件“高大上”、前沿而已。

现在移动时代，也多是对数据，利用标签、分析、算法等，进行数据分析居多。所谓的客户数字化，也仅是一个数据的入口，或者说就是将原来的手写笔抄，变成在APP上点击，以及软件上输入、导出而已。

这个逻辑，就需要客户相关部门，包括营销部门、销售部门、渠道管理部门等，都要深度参与进来，才可能打通渠道逻辑，并将此逻辑应用到软件上。

数据是资产，但离消费者资产还是有距离

客户数据是一种资产。

但即使客户数字化了，这种资产，离产生业绩与经营价值，中间还有很长的路要走。

这需要了解与洞察其中的逻辑。当然，这也需要避免一种思维误区——数据。只要收集上来了，就是资产。

真正的资产的意思，就是可积累。数据积累越多，资产就越累积。并且资产如果沉默了，则可能都是负债，花了时间、精力、人员，却一直不

能应用。

而有些资产，需要及时应用。现在的数据资产，也容易失效。这种失效的数据资产累积，也会逆向转换成负债。放在服务器中，还占用资源，影响运营速度。

这种将数据当作资产，可能首先需要在战略上得到认同与重视，甚至将数据战略，当作企业下一步的重要战略来推行。

数据不只是资产，更要具价值能实现

还有一点，就是资产到价值的转化。

商业价值、经营价值、管理价值、业绩实现价值、目标达成价值，这些，都是数据、资产要指向的，否则，客户数字化，又有何用?

总之，中国企业的数字化转型升级，还没考虑好“提供价值”四个字，当然实现转型可能就还是有一定的距离。

作为快消品企业，能用网红营销吗

网红式微了吗?

或者说网红，其实只能是昙花一现，一红就死?

网红能否助消费品企业的营销一臂之力?

甚至是作为一种重要方式进行营销?

网红的几个发展阶段

中国的网红其实已经经过了几个阶段的发展，而且各有代表人物。网红第一阶段：网络作家，代表人物如痞子蔡等。网红第二阶段：一张图片

的出现就能成为网红，代表人物如恶搞小胖钱志君等。网红第三阶段：图文时代的出现，代表人物如芙蓉姐姐、凤姐等。第四阶段就是恶搞视频人物，第五阶段就是网络歌手了。

中国的网红发展，也是“有历史可查、一步一步走过来”的啊！

网红营销，其实是一种社交电商

行业人士认为，现在第七阶段的网红营销，其实就是主持人与粉丝之间的情感关系营销。

网红们通过这种关系上的认同，在社交上甚至比其他的同事、同学、亲朋好友、商业关系社交，更有坚实的感情基础。

从而，他们通过介绍、情感交流、娱乐交互、语言沟通、行为表现，取得信任，在此信任之下，进行带货销售。

据说微商，也是经历了几个阶段，现在进入直播、视频、抖音阶段。他们也认为直播、视频、抖音等等平台与场合，就是典型的网上社交行为。

为什么网红营销有其生存空间

这跟环境有关。

在移动互联的虚拟环境里，表面的东西，往往更能先吸引关注。

普通大众本身也只需要一些通俗、喜闻乐见、不费脑的吸引点。

网红是稀缺的。

也有不少网红是转眼即逝的。

但大众的土壤，能让网红野火烧不尽，始终作为一种亮眼的群体而存在。

据称，网红也有分类，主要分为娱乐类网红、电商类网红、游戏类网红、内容类网红。下面还分别涵盖明星、旅游、健康、美妆、知识、美食、财经等。从这几个分类与细分来看，网红不但会有生存空间，甚至可能还会成行成市，实现持续性发展。

网红营销，网红靠自身价值带货

网红有何价值?

这个概念，可能还没有人提出，也没人思考，但这是最重要的。

只是这个价值，可能跟我们平常讲的专业性价值会有所不同。

娱乐价值、消遣价值也是价值，眼球经济也是价值的体现。

至于真正有价值的内容，那就更具价值了。

网红营销，现在主要有几大盈利模式：打赏、广告、电商、游戏、会员、增值业务等。如何将自身价值最终在这些方面体现，可能会有越来越多的运营尝试。

但也不可避免的是，网红这种“营销自己”的特殊营销方式，也可能会带来不少的过度营销、恶俗营销、阴暗营销等，网络传播如此之快，且假恶丑传播更甚，从而给社会带来不良影响。这可能成为网红营销的一个硬伤。

网红营销，还可能有其他优势

网红营销，综合分析，还有如下这些特点。

本身其实就是满足眼球与情感的服务，具备服务价值。

本身就是靠打赏等，本身具商业基础。所以，打赏、购买推荐产品，非常直接。有利于交易的实现。

网红也算是稀缺资源，也不太具可复制性。喜欢谁，即使没有购买的必要，但也不会对网红们推荐的产品太排斥。这跟微商、其他的社交电商的推介有着区别。

为了炫耀或表示对网红的支持，很多粉丝还会进行转发推介支持。这也是未来海底两万里红利消失情况下，私域流量还会存在的主要原因。

网红公司不断地推新人，而且打造方式还越来越标准化。因此网红资源不太会枯竭。

总之，网红营销，就是真正的直销行为，如果成本还能接受，是值得尝试的。

一些网红的带货能力惊人

普通网红的一些产品，一个礼拜也能有几十万元、百万元的业绩。

而多的，则一天，张大奕能千万过亿元！2017 年双“11”当天，张大奕的销售额突破了 1.7 亿元。她的电商店铺上线新品 2 秒钟内即被顾客“秒光”，月销售额达百万级。也就是说，三天时间内，这个女孩可以完成普通线下实体店一年的销售量。创造了网红营销的销售神话。

不少企业请明星代言，只是一种营销方式，对销售业绩最终有无影响，有的还比较难评判。而网红是直接卖货。

并且，明星费用高昂。

所以，从性价比、以及最终业绩实现能力来说，网红营销，还是有其价值的。

一些专做网红营销的公司，甚至能够承诺销量。见过一些网红营销团队，对自己的销售能力非常自信，竟然还可以承诺销量进行合作。

可以看出，网红确实可能是一种可借用的销售资源。

只是，网红营销，如果不升级，可能存在如下问题。

谨慎网红营销，将自己的企业也做LOW了

对于大企业而言，可能较LOW。但对一些中小微企业来说，可能也是一种突破的方式。

也就是说，网红营销，只有粉丝信任。而相当一部分非粉丝群体，是排斥网红营销的。

所以，一是网红营销，可能更适用于中小微品牌。

另外，如何在将来，让网红营销能体现出更被认同的档位，这需要网红界的人共同努力。

同时，企业要实施网红营销，最好还得与自己的产品调性一致。

也就是说，并不是所有的产品，都适合让网红去销售的。

并且，要保持产品质量的优质，否则就变成了短期行为，甚至构成对粉丝的欺骗，捞一把就走的企业产品，更要不得。

网红是双刃剑

任何事物都有两面性。个人作为网红，太曝光在大众下，在将自己好的一方面暴露在亮光下的同时，一些瑕疵、问题甚至阴暗面，也可能暴露无遗。

不只是一些娱乐网红，连一些企业家，在移动互联时代，过多地曝光在大众面前，也少不了折戟。我们应该记住："做网红有风险，曝光须谨慎啊！"

如果真要成为一个可持续发展的企业，组织能力还是最重要

个体始终是有瑕疵的，但组织可全面打造能力。

如真要打造个人网红，后面还是需要有一个强大的团队，进行策划、

打造、支持。

总之，网红营销，信则可尝试，但还是要谨慎为之。不信，则选择其他的营销方式，现在的营销方式也确实是异彩纷呈。

访销、定位、订单软件为什么在中国就火不起来

前几年，企业微信、钉钉、小步、商单、I到位等软件的出现，让不少消费品企业蠢蠢欲动，希望能够借移动互联的风口，作为销售管理工具，好好管控下员工。

不知现在管理怎么样了？

也不知现在业绩或者效率改善得如何了？

移动时代，经营更要大于管理

这是这一轮开发下来，软件行业得出的结论。

从两方面而言，一方面，软件提供商并没有在这个风口好好把握住，促成中国管理软件业的兴起。就像十多年前的CRM、ERP一样，在中国还是发展非常有限，根本没有得到其应有的发展。另一方面，真的可能自己本身就不适合时势了。不少软件行业的观察人士，已经发出此感叹：现在我们只希望能看到更多的经营软件的兴起，而不是将传统的管理套路，翻版到移动工具上！也就是说，他们认为，企业更需要经营软件，而不是前一轮管理软件的，再来实现一次移动化！

其实，这在中国，已经是到了非重视不可的地步。

在十多年前，我从可口可乐出来，进入某市场研究公司，该公司只

做研究，只出企业管理研究报告，业务覆盖全球好几十个国家。但是，中国区域的一个副总裁，在深刻洞察中国企业需求的基础上，提出要为企业的经营业绩与结果服务。换句话说，就是中国的企业，要的不只是改善管理，而是需要帮助其改善经营效果。

由此看业，软件业升级到为企业经营服务，仍需努力。

不只是改善过去，而是要重构未来

很多企业都有这样的体会：现在需要的不是对过去的不足进行修修补补，而确实是需要一场变革，或者说一场接一场的变革不断发生。

下一步，产业互联网、B2B、数字时代、所谓的ABCD、5G等，让消费品企业，都不得不迎接一场又一场的挑战。

这些，都使企业不是对过去的业务人员访销更严点，对经销商从进货、订单到仓库、门脸管理，对终端进行影像化管理，这些管理动作进行移动化管理。

也就是说，用软件的企业，要从未来看现在，现在的布局、应用，要迎合趋势。可以说，无论是柯达、还是诺基亚等，都是基于“过去”与“现在”给市场提供产品与服务。这也是它们最终被市场淘汰的主要原因。

其实，产业互联网已经到来。我们看到阿里、腾讯已经在紧锣密鼓地布局。

别看阿里里面都是淘宝这种很传统的电商，其实其一直在沿数字化走，提出的数字时代是实打实地在打造，如阿里最近提出的商业系统架构就很有前瞻性，估计在未来十年都不至于落伍。腾讯在完成组织架构调整后，甚至都抓紧地组建了一个产业互联研究院，进行未来产业互联研究，以及网罗未来的产业互联企业家、独角兽企业、上市公司等，进行前置准备。此外，腾讯还不断地与多家传统企业进行合作，进行产业互联改造。而我们软件业正在做的事情，也是力图着眼于未来，为传统消费品业赋能，打造新消费品业。

改进效率？恐怕不只这些

既然目前传统白酒业的几大巨头，都在着手用数字化进行未来布局、产品更新换代和渠道、营销创新。那么食品饮料企业等，就更应清楚知道，自己虽然产品传统，但能够追赶甚至引领时代的，就一定是结构性的、科技引领的管理理念和经营模式，以及改革举措应该是与原来有很大区别的，有的甚至是摧枯拉朽的。

因为消费者的消费理念、行为、习惯都与原来有很大不同。只是因为受传统浸染太深，所以一些传统的力量还在产生影响，而一些新生力量，也需要慢慢来取得突破，但“00”后，他们的消费，是真的不同。

所以，基于迎合未来消费者消费习惯和行为的一些革命性变革，是必要的，其成效也是会越来越明显的。数字化时代下的各种消费理念、行为、习惯要了解与洞察，基于此的新产品开发、甚至与消费者的一体化开发，基于科技的营销调整等都将是系统性的，等等。这些应是企业不断更新应用软件、开发系统的深层原因。访销系统、SFA之类科层式管理的一些移动应用因为软件已经不可能解决新快消时代快消品企业的瓶颈问题。

业务人员的成长，是通过“战争”解决“战争”问题

业务系统的管理，就应该是让业务人员上战场，进行直接的演练，在“战争”中解决“战争”问题，在业绩操作中解决业绩问题。

新开发的业务软件，就应该具备能直接提升业务人员业绩表现的应用

能力，让他们的业绩得到明显改善。

当然，现在还没有那么多成型的工具、体系可用，没那么多好的可复制的经验在总结后可借鉴，还有一些新的灰度的东西看不真切，还有很多不确定性随时来困扰我们，但是，企业经营是一门实践，我们在放眼未来的同时，也应落地现在。

其实，经过前几年的试错，现在确实已经越来越清晰了。消费品业，利用科技进行未来的制造方面的效率的提高，基于数据的对消费者与市场的洞察，基于消费者资产对未来品牌的打造的升级，基于 AI 对智能企业与营销的实现，基于一体化数字升级，对企业经营管理电商软件的一体化打造。这些都是基于未来的目前必须着手做的工作。

B2B 商，厂家为什么不愿意用你的电商平台

现在的 B2B 电商好像不少出现了骑虎难下的局面。究其原因，主要是因为这里的第一个“B”主要是代理商们，却不是企业，而第二个“B”服务的成本、难度越来越大，操作与利润空间却不大，深度延展性不高。这样，那些原来就是经销商的还好，可以继续做自己的经销商，只是升级而已嘛！而其他一些新晋的 B2B 电商，则好似乌云布头，难以知道明天在哪里！

厂家用渠道商的目的

即使是知名产品的厂家，也需要利用到渠道商。但厂家用渠道商是有一定的标准的。而这些标准的提出，是基于其所要达成的目标。而渠道商往往只看到，厂家用你就是为了达到分销的目的！

其实，未必然。

厂家是一个经营体，同时，作为渠道的起始端，也多少承担着对整个渠道的一个管理的角色。为了经营和管理，厂家会从我们通常说的几个职能来对中间商进行考量。而这几个职能，则需要如下这些流程来进行支撑：一是商流、产品流；二是物流配送；三是资金；四是信息流。

渠道的这几种内部流程，都是厂家实现经营目标和市场持续发展所必不可少的。而渠道商能否被厂家选中，主要取决以这些流程是否顺畅和稳固，来实现自己的经营管理目标达成。

B2B 缺失的功能

放眼望去，B2B 电商近两三年来蓬勃发展，基本都是奔着自己盈利的模式去的，毕竟自己创业，创业就得有发展、商场就得有利益。有知名品牌的企业这么多年的发展，本身存量市场已存在，而 B2B 电商从何处得增量？那就需要开发、需要加权铺货率、需要动销、需要自己的 B2B 能产生出各种业绩来；这些，都需要 B2B 增加人力、物力、财力，还有更重要的就是能力。而这些，很多 B2B 电商是在过程中摸索发展，有多少 B2B 电商在这些方面比原来的经销商强？

除了上面这些外，B2B 在以下方面能力也比较欠缺。

一是商流较弱。厂家已经早就深悟到了经销商层级的商流能力比自己弱，所以，很多企业已经进行了这方面的改善与系统打造多年，即使再大投入再难运营与管理，也要实施深度分销、通路精耕、直供、分销协作等模式，自己将对终端客户甚至是消费者的商务洽谈能力接过来，自己拿订单。而 B2B 电商们可能并没意识到，企业并不会认为 B2B 电商们，在商流方面的能力会如何超出他们的期望。因此，在商流方面，B2B 电商不能吸引制造企业。但是，很明显，这可能是 B2B 电商最能出赢利的一个方面。

还有，原来的经销商层级对企业而言，有一个非常重要的蓄水池功能，一千个经销商，就是一千个销量蓄水池！B2B 电商们，可能不会想到自己的仓储能力，能够在多大程度上满足厂家这方面的要求？

二是物流。移动时代，物流就能通过 B2B 电商械进行明显的改善了吗？是的，但是只是大型专业的物流公司！其实，一些知名企业早在十多年前，就已经有将物流交给专业物流商合作的尝试与应用了：费用低，专业、服务也到位。而 B2B 电商在这方面只有两种方式，要么与物流商合作，要么自建立物流，而与物流商合作，B2B 电商这块的微薄利润又泡汤了，自建物流，企业肯定对你行不行、能不能、强不强将信将疑。所以在这块，制造企业对 B2B 电商也不会有多大期待。

三是资金流。做过企业的都知道，企业很看重这一块。其中以娃哈哈最为突出，每个经销商甚至要交至少几百万至高达千万的保证金，美其名曰保证金，其实就是明显的占用经销商的资金。而 B2B 电商，又有多少资金能让企业占用呢？

四是信息流。企业利用强大的经销商网络，进行信息布局。各种市场信息、消费信息、销量信息、竞品信息、客户信息源源不断地从各地客户或销售人员处传来，让企业进行有效决策。而 B2B 电商为什么要做 B2B 软件，大家都心知肚明，你想让这些信息进入到自己的系统，成为自己的大数据，成为自己的赢利模式，成为自己的“羊毛出在猪身上，让狗去买单”的内容而已。企业太清楚不过啦！

这些，都是从营销最基本常识、最简单分析来看，企业只观望，不积极与 B2B 电商合作的原因。即使合作，也多是将 B2B 电商当作又增了一个经销商而已，不会多作支持。并且，这还多是销售人员从自身销量完成出发，自己的权限内增添经销商而已，有的甚至都不会上报！

何况，企业更清楚的是，对于一头的B，B2B电商不会有什么变化；对于另一头的B，B2B电商也不太可能有自己革命性的改善与变化，B2B电商只是一个中间连接者而已。所以，企业不会来主动和B2B电商合作。

B2B对制造企业的负面影响

B2B电商还可能在企业面前经常抬不起头来，这主要是因为它可能又将企业的产品单价打压到一个低位了。原来企业井田式市场管理好好的，严防窜货，罚窜货绝不姑息，而你甚至又将企业的货，窜到哪儿了？

而一些B2B电商为快速占位，一开始就想买终端，到买终端已经买不过来时，直接就挖企业的业务员，这样，终端资源也有了，业务能力也招安了，从而直接将自己摆上了与企业竞争的对立面。

另外，现在的B2B是同行竞争对手，两个甚至几个企业都做，稍微想象一下当你手上拿着两个竞争对手的数据时，企业销售总监的脸会黑到什么程度？当然原来的经销商、超市都有卖竞品的，但那时的数据，哪如现在的移动互联，当中的过程数据也如此之全、如此的生动，且促销政策如此清晰……截个图就到竞争对手手里，远不用曾经的竞品政策研讨会上，开着手机放送内容这么胆小怕事、谨小慎微了！

其实，企业不用B2B电商，可能最主要的还是会从自身经营出发，自己的经营实况、政策、动向、全局性的数据，怎么会不掌控在自己手里？

由此可见，虽然B2B电商能给企业带来有限的销量增长，但麻烦事、可能不好的事、担心的事，不知会带来多少呢？

当然，有些企业还是应考虑与B2B电商合作的

毕竟，B2B电商是一种外部资源，也可能代表一种新生力量，另外，

可能也是企业需要探讨的新销售模式。再则，B2B 电商如果真的能提高销量、改善市场，又人兽无害，企业为什么要封闭自己呢？

一是 B2B 电商实现了移动互联 B 与 B 之间的新合作的试错。企业应引起重视。B2B 将两个 B 之间的关系、利益、运营、管理进行了全新的参与与经验总结，这也是难能可贵的。参与进来，可以作为自己更深度涉及移动互联的样本。也可作为提高自己效果 / 效率 / 效益的分析研究。

二是空白市场可以放心让 B2B 去做啊！

三是难啃的市场。应该说，B2B 电商有了移动互联的武器，会更容易些！

四是在某个层面，将市场进行了一定的在软件系统上的归整，可作为与竞争对手区隔的一个可能性武器。

总之，如果企业真非常有兴趣与主动的愿意来与 B2B 电商合作，或许就是它真正地被市场认可的标志吧？！要不然，它与传统的经销商相比，虽套着移动互联、新模式的外衣，但内在运营、赢利又有多少区别呢？

第六章

新快消　新零售

被带进沟里的永辉超级物种

自从转型新零售，永辉在门店扩张的道路上几乎是一路狂奔。

2015 年 11 月 18 日，永辉生活首家门店开业。到 2017 年 9 月 27 日，门店数量已达 100 家，同年年底增至 200 家。而对标盒马鲜生的永辉“超级物种”则于 2017 年 1 月 1 日正式推出。2017 年年底，超级物种已增至 27 家。

但是，新零售业务大规模扩张也被认为是拖了业绩的“后腿”。2018 年，永辉超市净利润出现七年以来的首次下滑，并有扩大之势。永辉超市约定以 3.94 亿元的价格转让永辉云创（超级物种母体）20% 股权。这 20% 股权也将使得永辉云创被剥离出永辉超市报表。

看来，永辉超市将超级物种这个曾经的永辉第二生命线剥离了。

新零售就是亏损开店

永辉曾计划在 2018 年开一千多家店。

自从转型新零售，永辉在门店扩张的道路上几乎是一路狂奔。2015 年 11 月 18 日，永辉生活首家门店开业。到 2017 年 9 月 27 日，门店数量已达 100 家，该年年底增至 200 家。而对标盒马鲜生的永辉“超级物种”则于 2017 年 1 月 1 日正式推出。2017 年年底，超级物种已增至 27 家。

而永辉对标或同类的一些零售企业，盒马鲜生、美团小象、京东 7FRESH 等跨界势力也是疯狂扫店。盒马虽然号称单店坪效达到 5 万元，但开一个店得投入几千万，而且到现在也从未见提到盈利情况。

而阿里系的新华都和三江购物的上半年数据，虽然营收提升了，但净利润却出现了大幅下降，高鑫零售的净利润增幅也远低于去年上半年。

所以，以下内容建议直接屏弊。

（1）说某些店已经赢利，某些店的坪效是行业原来的五倍；

（2）用了多少个 APP，有多少的 APP 下载量；

（3）能在超市吃便宜海鲜；

（4）服务了多少消费者，坪效多少，以及线上线下销售占比多少。

总之，新零售首先就是高亏损开店！

即使现在亏损，持续经营，有美好的未来可期待也好。可是，不少行业中人称：

这些，都并不是零售的本质。

本身号称“四不像”的盒马鲜生，以及未来的新零售，都要违背零售本质而存在吗？

现在不管如何，永辉超级物种被剥离了，这都是仿效盒马鲜生暂时还不成功，投资收不回来，而不得不采取的措施。

零售的本质不是人货场

是的，与零售行业精英们交流，在经过他们的深入分析看来，零售的本质根本就不是人货场，人货场，只是零售店的基本元素而已。

零售的本质是：用服务来传递商品价值。

而现在的新零售，认为人变了（到底怎么变的，并没有精准有效的分析研究与判断），所以在改造货源，在建自己的供应链，在打造自己的制造型零售商定位，在做不同于阿里有大量流量的情况下跟随阿里做场景变革，不是在借用技术实现服务提升而是仅仅在建立技术层面的商业模式，在线上线下无逻辑无章法地融合……

还有一些最近从各方面实操得到的新零售理解：

有的从业者认为，线上的收入大于线下的收入，就是新零售了。

有的从业者认为，有了自己的供应链，那就是新零售了。

有的从业者认为，我新开了店了，有了自己的APP下单，就是新零售了。

其实，这些理解都没涉及零售服务的本质。有的只是符合概念的表象，有的是促进周边服务提升的一些要素，但并不是最核心的服务需求；有的就更是自我理解了。

至于阿里提到的新零售概念，其实，都不用多解释，或许盒马就不是这样做的，或者还没实现吧。

原阿里的卫哲提到过：多快好省。都难以全部实现。这提的是新零售的一些能实现的结果。但这只是对新零售的要求，并不是新零售的本质。因为新零售真正要做好，是在这些方面，要实现传递商品的价值。

那么，零售服务在消费者面前能实现出来的价值是什么呢？那就是不仅要传递商品的功能，而且要尽可能传递商品所蕴含的情感、文化、社会价值等！

盒马新零售在传递什么

盒马新零售在传递什么呢？

一种能吃饭的超市的新奇？

一种能买到平价海鲜的噱头？

一种方圆三公里能送货的便利？

一种新的生活方式？

……

这当中有传递价值的部分，但更多的是非重要的价值传递。

一个超市买东西，有什么个性与酷感的？不去超市购买也能实现消费的，才酷。所以，外卖才这么火。

这里各种嘈杂，不太可能是情感交互的好去处，最多也就是一个小憩的场所。

也难以体现什么好的文化，刚开的新店，能有什么底蕴，能让大家得到文化的熏陶?

通过亲身体验，笔者认在盒马吃饭口感与过程并不美好。永辉超级物种被剥离的主要原因，就是因为“重餐饮”和“重到家”这两种战略的分歧。

现在盒马的产品并不丰富，笔者去过几次，感觉每次想买的东西都不能一次买完，一些高价可能品质也不错的产品，并不耳熟能详，购买的信任感也欠……去过几次，也就不去了。不在周边住的，就更想不起了!

个人观点，盒马明显有产品购买信任度、产品丰富度方面的缺陷。

总之，盒马这种新零售模式的核心，就是用自己的流量，进行变现而已。并且特别是针对盒马这种阿里系企业而言。如果盒马是非阿里系的新零售企业，感觉都不是一个终极或让人趋之若鹜的零售场所!

永辉超级物种为什么亏损

超级物种为什么亏损，这主要原因应是没有像盒马一样的流量进来。虽然盒马宣称是独立APP，但我们不能否定，有相当部分流量是因为其是马云和张勇站台、阿里背书（你相信是那些龙虾在背书吗?）而引入的。在盒马这里，品牌资产对流量导入的影响，是不可磨灭的。

而盒马还是一种线上流量另一种变现方式，并且有阿里的资本作为核心资源在支持盒马的发展。报道称，超级物种就是因为资金以及赢利的问题，数据不再并表入永辉超市。

近年，在投资圈里有一种迹象，即不再看C端创业。甚至原来只看C端不看B端创业的投资人，来了一个一百八十度的大转弯，只看B端再也不看C端了。笔者作为投资人，经过一段时间的参与，基本可以得出一个结论：C端就是一个流量生意，有了流量了，上面搭载一些创业项目，相当部分是可以的。但如果没有流量，移动互联的C端创业基本难达彼岸，非常难成功。这次永辉剥离超级物种，也是看到了资本的寒冬，以及自己原来的赢利模式的难以实现。

再看看超级物种对标的盒马鲜生的未来走向

盒马想的是继续从线上获取数据，线上流量业务要占七成。

盒马想的是做制造型零售商。要让供应商裸价供应产品。

盒马想的是将来一半的自有品牌。自己通过知名品牌的带货能力，获取更多的利益。

盒马想的是阿里继续有资金投入。阿里的新零售，只能靠盒马来承载，所以，一定得成功，这样，投入也就是还会有源头活水。

盒马想的是其菜鸟物流的加持。

……

所以，永辉超级物种要对标盒马，估计也得有这么多背后的支持来提供底气！

我们从以上分析可以看到，其他一些企业，要做新零售，如何能对标盒马？如何能在将来走出自己的可持续发展道路来？

据说，苏宁也通过相类似的方式，将其新零售业务之一苏宁小店的经营主体拆出上市公司资产负债表。这是否也是因为对新零售业务有一些新的甚至是留后路的想法呢？

永辉超市的成功基因值得超级物种借鉴

永辉超市的生鲜、供应链，打造得已经有自己的优势与特色。超级物种不如从这方面入手，来结合自身的一些优秀元素，进行调整发展。

或者干脆就是直接将这方面的优势，在产品、服务方面做些升级，更优地传递消费者需要的更多更好价值。

毕竟，商业就是商业。

盒马鲜生标签门，折射出什么

据百度百科，上海某盒马鲜生店以新标签替换旧标签，但食品却没有变化，由此引出盒马鲜生“标签门”事件。

为什么要改标签？看来，新零售提出两年多来，是该回头审视下了？

新零售，盒马的承载

虽然马云说的新零售概念，比较模糊，阿里研究院对新零售的阐释，也非精准，但新零售，盒马的承载，可能也是付出太多。

问题是，盒马真的能承载吗？

产品是品牌商的。现在盒马、新零售一直想着改造供应链。可是，供应链是供应链，品牌商是品牌商，供应链是将更好的品牌商的产品，通过新零售运营者来给目标消费者提供更“多快好省”的服务。我们已经看到了盒马想改造一些供应商，从品牌商变成裸价供应商，这是否合理？以及未来是否会有反弹，或者会颠覆呢？

所以，这次的胡萝卜改标签事件，也些许代表了盒马想改进供应链，是很难的。只能说更好地打造与升级自己的供应链。胡萝卜是厂家的，你供应链掌控、裸价等，没有合作意愿，只有掌控意愿，最终的问题出现，可能只有自己埋单。

新零售，封闭自己，独善其身

我们都说，做一件事情，要闭环。这是真理，是永不错的，否则事情没法圆满。

可是，如果闭环，就是全部自己掌控，或者全部自己做，这又好像违背社会发展规律。分工合作，好像才是长久法则。

阿里的盒马鲜生的最终目标，好像是要做制造型零售商，自有品牌要到 50%，然后希望供应商给其是裸价，否则，就找别的供应商。

所以，在盒马的这个未成型的体系中，供应商是基本不太可能赚钱的，其自己想从产品到最终销售一锅端，基本自己做。在这个体系中，供应是不赚钱的，合作是为其所用的。这种闭环，在初期，可能因为大家对未来的发展空间有些许期待，而愿意舍弃一些自己的利益，但长久来看，好像终归不是那么合情合理。

新零售，线上线下与物流

不知道马云是洞察到了先机，还是时势使然，提出的新零售，涵盖了当时新经济必备的三个核心要素：线上、线下、物流。

我们先不说，现在其他紧锣密鼓做新零售的，很多并不包含物流的改造，也可能对线上、线下如何真正融合，也是一知半解，或者说现实条件本身不具备。现在在新零售的发展与创新上，真的是百花齐放。但从另外一个角度来看，也可以说凌乱不堪。甚至一些品牌商、制造商，也在考虑做新零售的事情，也在到处探寻新零售到底如何做。

看来，新零售方面，盒马也好，整个阿里也罢，暂时是难以完整打造出一个样本，来供焦灼的零售商们、品牌商们，甚至制造商们学习与参照的。为什么？其实，新零售的打造，可能还有如下这些主要内容要前置性探讨，因为现在已经不是流量时代、电商时代、商业的风口时代，而是产业互联网时代、精进时代、靠升级或管理而不是机会主义的时代了！

首先，考虑清楚赢利模式，因为没有赢利模式的新型创业，除个别赛道，投资人基本不看了，创业团队必须想好自己的未来发展，必须能够有流水外，还得有利润表现。

其次，零售除开真正做好人、货、场，本身就是百年课题外，其最重要的是传递价值的功能与定位，基本不太难改变。所以，零售的本质，以及未来应该着力去做的，没抓住，弯路总会有的，大部分都是在试错也是可能的。所以，也可以说，“线上线下＋物流”的新零售，可能只是阿里的新零售，盒马鲜生的新零售。

最后，零售是商业范畴，商业范畴毕竟是有限的，商业零售创造一些经济价值和社会价值。而制造商、品牌商是创造价值，是价值链的源头或前端，这些，才是互联网下半场、未来的数据时代、智能时代，更能给社会带来各种价值创造、革新以及进步。所以，该创造价值的行业或企业，重点还是应该回到价值创造中去，而价值传递与精进服务，则应该由这方面的勇者来。全民、全企都来搞新零售，终究不是什么好事。

总之，新零售这个风口、这阵风，什么时候能过去呢？

新零售，新旧不会交替，只是生态更丰满

新零售由马云提出，全社会都提新零售，一些互联网新贵及传统零

售创新先行者如京东、小米、苏宁、永辉等都在积极地尝试，但是，将来全都是现在的新零售样吗？传统零售都会被颠覆掉吗？新零售会横扫一切吗？

恐怕未必。

零售的业态，应一定是丰富的。每种零售业态可能都有它没法顾及的服务领域。新零售在初期，可有一些超常规生长的套路、一些野蛮发展的路径，一些不合情理发展的运营，但是，零售以更丰富或精准满足目标消费者的需求、以传递价值为主导的业务模式、以丰富而不是完全颠覆行业或上下游生存空间为未来可持续的战略，应都是我们要深度去分析研究以及借鉴的内容。

毕竟，一个胡萝卜标签，还就只是问题的冰山一角。

社区团购？菜市场吧

我作为长期参与消费品业的一分子，看到消费品业突然冒出个新的销售方式，很关注。

我作为一名投资人，看到又有不少人将此作为风口、赛道，纷纷疯狂抢入，也有些许纳闷。

怎么看？这新兴起的社区团购与菜市场本质上似无二致。

社区团购因何而起

社区团购的兴起据说是因为拼多多上市。

“拼多多上市对社区团购的蹿红也有影响，因为打开了人们关于这件事的想象空间。”

2018年下半年起，“寻找下一个拼多多”“百团大战一触即发”等说法频频出现，指向刚火起来的社区团购行业。兴盛优选、小区乐、邻邻壹、十荟团、松鼠拼拼等十多家公司宣布融资，红杉中国、IDG资本、真格基金、金沙江创投等知名机构纷纷押注。

社区团购因何突然火爆

不少方面的信息认为，社区团购的火爆主要来自风投机构。

以社区团购公司——你我您为例：你我您成立于2016年，前身是2011年创立的一家生鲜公司，如果没有转型做社区团购，这可能只是二线城市里再普通不过的一个零售创业案例。

真正将这一行业推上风口的，是2018年下半年资本的进入。2018年8月到现在，公司创始人已经见了20多个投资人。实际上，你我您负责融资的负责人几乎每周都会来北京，见投资人和品牌方。

某投资人说出了他认为社区团购会火起来的理由：社区团购之所以能跑出来，是因为它符合人们购物的另一种场景，这种基于社区推荐的购物方式，其实在线下就存在，现在把它复制到了互联网上，对原先的电商而言是一种补充。

社区团购，骨子里其实都是菜市场

社区团购的标签，除上文所说的外，还有所谓的最后一公里、麻雀式布局、低成本、易交付、简包装等，看上去新颖、贴切、合理、现实，但从内在机理来看，其实并不是什么值得人们如发现新大陆般激动、新奇的事物。你我您2011年就做生鲜，2018年才火，也似乎印证了此说法。

(1) 生鲜、日常消费类产品。

（2）小区便利店的固定场所，或者不确定的约定场所。

（3）一定时间取货。

（4）团长卖货，上面有个新型创业组织，通过销售金额获得提成收益。

（5）长期关系，也可一次性买卖。

（6）团得多，上游议价能力越强，价格越合适。

（7）买卖双方可完全不认识。

以上这些，就是社区团购的一些基本要素与现状。

我们再来看：

（1）日常消费类产品、生鲜。

（2）社区里，或者小区周边的固定场所。

（3）一定的时间去取货、同时交费。

（4）小个体户，通过销售产品的价差获得收益。

（5）邻里关系的信任。

（6）买卖可形成长期关系，也可一次性买卖。

（7）买卖双方可完全不认识。

如上这些，是传统菜市场的一些要素与现状。

两者对比，有多大的区别?

再可做个对比说明。有从业者这样说：社区团购的效率和体验，是让从业人士动心的关键。从仓库配送到小区，一袋货品的成本在 5 毛到 8 毛之间，比快递成本低很多，是其他电商不可能实现的；体验又最接近于实体店，如果货品有问题可以马上找团长来解决。

相比较来看，传统菜市场却还不需要给顾客支付配送成本呢？虽可能环境差点，却也是最具烟火气的体验场所。从成本、场景等来看，社区团购也并非得到升级。

微信群是社区团购的组织形式，关乎组织

据微信数据，全国每天有650万个微信群产生，活跃周期却只有34天。

很明显，微信群由小区群分离而来，或者根本就是同一个群。

这当然是因为建一个微信群，几乎不需要时间成本、费用成本。

这也可能是社区团购能够一夜之间就火起来的重要原因。

同时，这也可能是社区团购朝可持续稳定的商业模式发展的组织性障碍。这种组织性障碍，非模式新颖、人员努力、利益分配等方式可以消解。

基于固定的微信群，能有多大的可持续地进行商业经营的黏性呢？

首先，团购学拼多多，却又与拼多多在本质上不同，拼多多是能将拼团内容最大裂变性到各种群，完全符合移动互联网的裂变特点。

其次，我们都知道，小区群与同学群一样，可能不太会消亡，但基本也不太会天天活跃，真正天天活跃了，就肯定造成骚扰了。如上微信生态数据，基本也能说明，微信群难以形成持续的活跃状态。

最后，小区群其实是一个陌生人的固定群。陌生人群，迟早会松散与冷寂下去，势必慢慢沉落，也根本不太可能会有序化、组织化，以及成为社区团购发起者未来拓展扩张的组织基石，该种基于LBS的商业模式，又很难再通过新建群或裂变群来开展。

如果一种零售形式不能够实现组织化运行以及规模化复制并稳定发展，这就不是一条赛道，也不是可能成为模式。

一切主要依赖于团长，关乎人

团长是社区团购交易中的关键一环。据多位行业人士介绍，社区团购利润率在20%~30%之间，其中近一半利润支付给团长作为提成，因为有时间并愿意用社交关系卖水果的团长，确实不好找。

看来，无论社区团购发起者的管理团队如何庞大或能力强，但这种模式，团长还是社区团购组织的人员依赖基础。

团长与其他任何组织形式（除直销、传销外）都不同的是，其基于社区关系、个人信任而存在。他（她）没有组织应有的责任、义务、制度约束等，想干就干，不想干完全就可不干了。

也就是说，团购的团长模式，是难以进行组织化复制的。

我们不妨来看看你我您的某负责人的介绍：团长是最终成功打赢这场战役的稀缺资源。于是他们在当地办招商会、通过小区楼下门店找团长；同时利用已有的近200万客户的关系，去介绍团长。

这种可遇不可求的稀缺资源获取方式，不知多少投资人还敢对其抱有必胜必成的信心?

供应链发展未来困扰，关乎产品

这种模式要长期存在下去，产品还不能完全是菜市场的翻版。要有一些特色、品质、品牌的东西，比如现在主要就是生鲜，其次就是日常消费品。

可是，这供应链也是受到不断的挑战与各种限制的。各城市饮食习惯的不同，这种需求差异，将考验未来的扩张。

同时，产品不可能总是老三样。总是老三样，一些时间段没有业务，也就沉落下去了。而不断地搜集新三样、新品种，则难度会不断加大，成本也会不断增加。

所以，相较传统的菜市场而言，新社区团购，并没有本质上的优势。

何况，现在还是生鲜作社区团购的主流产品。这些品类的持续高频性、业绩表现，又打了折扣。

促进社区商业成长，并不等同模式创新

是的，通过微信建群，加强社区关系，促进社区周边的一些店面，与住户加强沟通，建立联系，是能促进销量提升，以及店面的良性发展的。

这方面，没有错。可是，这种社区店，建微信群，维护社区商业关系，已经是最常规的手法了。虽然，传统的社区生意，没用上这些社交工具。

总之，很难说社区团购有商业模式上的创新。

唯一的念想，标准化连锁

个人感觉，标准化连锁是唯一一种可持续发展的新零售形式。

（1）在移动时代，通过一定的手段，建立最强大的链接，这是可行的。

（2）这确实有对上游议价的更大优势、产品更丰富化。

（3）团长将来也可能有体系化打造与培养的能力。

（4）更多的新菜市场可以更组织化、标准化运作了。

（5）品牌也可能能形成了，有了品牌溢价，赢利可能性更大了。

但这，仅仅只是连锁的商业范畴内。连锁，还能获得稳定性发展，并产生可持续性盈利，就证明模式真正跑通了，原来的传统连锁商业模式中，又有了一个补充。

我们唯愿，中国市场如此之大，全国性来讲，还是希望最终会有几家头部跑出来。这，也算商业的些许进步吧?

食品饮料酒业如何看新零售

最近有传统营销人对新零售提出了一些自己的不同看法。新零售虽

然不是万能药可包治百病，但借用了移动互联、线上流量与数据等一些优势，相对来讲，还是有其独特之处的。

今天我们专门针对食品饮料酒业，来看如何正确对待新零售。

马云的新零售

结合百度百科所说的新零售（线上线下打通），并且结合新物流的基本概念，还有马云、张勇以及阿里的各级人士正在试点的一些行动，我们试图对马云的新零售做如下的一些基本拆解与理解。

基于现有的阿里系出发，而不是从中国6000万企业出发。即使马云说未来不再有纯电商，也都是其在自有的淘宝天猫范畴内的理解，也就是他自己那块。电商除开虚拟产品与服务不需要送货，其他实体产品在其所说的纯电商时代也好，还是将来也罢，物流一直也都是在线下的，这不是什么新鲜事。所以，线上线下打通应该是重点。但线上线下的结合，在O2O时代是有过很多创业企业试水并失败的，线上线下结合，也并不是什么新鲜事。如何结合，这中间也会有很大的不同。

阿里系强调了线上线下打通，现主力是马云要为他的线上打通线下，移动互联现有多种瓶颈，此处不细述，马云一直在为线上的淘品牌、天猫品牌寻找线下结合的路径与实体。

新物流的提及与说法。马云自己做如此大的电子商务，但也基本无自己的物流，菜鸟也是做的非零售物流。所以，在线上与线下打通的同时，提及新物流，我们有点怀疑他没想好，但是已经将商业的本质参透了一些。

现在在杭州做银泰新零售、在成都合作做新零售，三江购物做新零售，以及不久前刚与百联做新零售。都是在摸索。但其脉络还是能看清一些：将线上的品牌拉到线下实体来，利用其云平台，打通信息流、线上流量与线下人流互补互通，并且利用大数据，实现更基于人的零售。并且有资金合作、有业务合作、有理念层面认同的试错性合作的。

……

针对食品饮料酒业，我们的理解是

马云已经非常强烈地感受到了继续线上独立发展的瓶颈，知道线下也有优势，所以，线上线下结合是必然的。快消品企业无处不在，真能达到线上线下融合，还是能体现一定的沟通、交易优势的。

马云可能先知先觉地预测到了将来电商发展的趋势，虽然线上电商的运作他非常精通，但将传统经济下的商流、物流与信息流、资金流完美融合，也够他摸索一阵子。所以，他迫不及待但也得按部就班地进行各种试探性合作，但还远谈不上成功。而这对于传统的快消品销售行业，原来的商流物流信息流资金流，确实还是有很大的提升空间的。或许线上线下及物流的结合，能让快消品企业突破现在纯电商发展不突出、业绩贡献不足的困境。

阿里系的新零售改造，现在主要涉及服装、设计、淘品牌、知名阿里品牌，全行业涉及、全企业打造应还是挺难的。也就是说，新零售的改造，还是给传统快消业留有一定的时间空间的。

阿里在试错，但从阿里系来讲，方向是对的。在试错期，企业与其合作同样是有红利的，但将来是否会收费以及如何收费，这就只能是阿里说了算。但从阿里作为中间商业公司的本性来说，收费是迟早的事。他在修高速公路或专属公路，你用，是要买路钱的。所以，快消品行业不能只期待新零售能给自己带来多大的红利，说不定还会给自己带来更大的束缚。在移动互联的前半场，我们已经经历了自主权的丧失，在后半场，有可能更“有过之而无不及”！

食品饮料酒行业的基本特点

我们原来多不做商业即自营，而基本是代理或经销，这留有商业空档，一直是较危险的。我们为什么感觉到电商们的巨大冲击，就是因为一些市场自主权已经慢慢失去了，想抓也抓不回来了，因为移动互联的红利期已经结束。

但是传统食品饮料酒，可通过合作，实现对线下的代理、经销、分销、自有门店或终端管理等渠道的管控，还是有其一定的渠道体系，所以，认识到了的话，新零售还是有一定的基础的。甚至比阿里从线上到线下更有基础。也就是说，我们本身线下是比较丰满的。

现在是兴建线上线下融合通道，只要能洞察商业本质中间几大流程并融会贯通的，都还有机会。从线上来融合线下，应比线下融合线上的难度与成本更高。

但是，移动互联已经进入下半场，如果企业还只是茫然，阿里如果新零售融合成功在先，再来向你收费，你得乖乖交钱（当然这也是应该）。说实话，对于线上线下打通，阿里的认识并不一定比传统零售商深，但阿里无惯性成本和思路禁锢压力，而传统企业的困局就在于思路受禁锢而又改变较难。所以，传统快消品企业如何走出自己的新零售道路，可能是一个长久的话题。

针对食品饮料酒行业，我们可以这样理解

毕竟是线上线下的结合。线下你一直在呢。当然，如果线下你也一直不在，反正一直就是甩手掌柜，市场本身就在渠道商那里，那就没办法了！

请先在移动互联上安个家，或者更深入一些了解移动互联。当然，如果有一体化的传统企业经营管理电商升级尝试，那就更好啦！

你现在不做准备，那就等着将来新零售公路修好了，然后你交买路钱吧！并且即使交了买路钱，你也可能同样是现在淘宝上小户一样的结局，累死为新零售打工。因为新零售即使拓宽了线下，线上还是一屏一位一家定生死。

要敢于和勇于接受新东西。现在传统的还在抵触抵毁新的，这是不当的。新的消费者、用户都在新技术新探索者心上和手里，是他们在摧枯拉朽啊！即使马云的新零售失败，他们也会在这过程中走出一条对的路子来。所以，食品饮料酒业，大胆走起来，应是没错。不要再信那些陈谷子烂芝麻的论调啦！

新零售前期，投入将远大于产出！并且你就是引领者，获取红利只有你。所以，传统渠道管控还可以的、有自己门店的，我觉得就可以准备起来做自己的新零售。马云做新零售，不就是利用自己的原电商平台多年操作对电商、零售、商业的感悟吗？掰开了揉碎了，我们也觉得并不神奇。

你有新零售，但你有新销售吗

马云的淘宝天猫作为第三方的零售台，其实就是原来的批发市场搬到了网上而已。自从 2016 年下半年提出将来不再有纯电商，并且要搞新零售，中国的新零售建设如火如荼，但新销售是否随之而变，却鲜有人提及。渠道，由分销商、零售商组成，企业的销售，不只是只做零售，还需要在分销上发力。企业主与商家困惑与彷徨不已，不知未来到底在哪里。是该谈谈新销售的时候了。

什么是销售

销售这个词含义很直接，即将货卖出去。

既然淘宝占中国的零售额也非常有限，有些原来有销售的行业，还有不少并未涉及淘宝天猫平台，所以，这不一定能代表中国零售的未来。此其一。其二，对于每个企业，淘宝甚至电商上的业绩产生，也非常有限，现在甚至淘宝更以个体户、自由职业者等为主，企业组织还非常有限，还有很多企业没上淘宝天猫呢！其三，即使不看传统销售，现在销售行为上更多的还是分销能给企业的业绩分解压力，承担销量。

所以，马云的淘宝天猫，包括将来的新零售，其实离产品厂家的业绩实现、销售范畴，还有很远很远。

什么是新零售？新零售带入认知误区

新零售可能也有短板，如通常只能集中在一、二线城市的大中型商业企业、创新型商业、淘品牌等，并且大数据、管理软件、新型 VR 硬件等，并不是每个企业都愿意为那可能根本带不来销量，只为阿里贡献数据与广告费用的所谓新模式买单。

另外，新零售的实质，还是马云有流量，给你数据，可能让你能给顾客更好的体验，但是不管结果如何，都要收钱。

至于新零售说到的消费体验。这不是你的重点。其实，可能建设品牌的路径，才是能产生零售好业绩的终极路径。因为你的品牌能建立起来，其实已经包含了消费者的心理倾向与认同。所以，也不要被此忽悠了。一个企业与商家如果为了卖一件东西给顾客，需要每个人都在购买前得到体验，并且还需要经过一次甚至十次八次的互动，这是不现实的。品牌的感知，其实更能面向数以亿讲的消费者。而新零售的，可能直面的一个月才有几十个、几百个，到顶上千个吧？！这可以作示范、样板开发、启动、加强等，很难作为企业与商家的主要销售行为去开展的！

我们需要新销售

新销售才是正解！即使新营销你不敢提、不敢用，或者说，现在流行的新营销，就是建公众号、在新媒体上做广告，并在其中做一些所谓的互动。具有历史性意义的新营销还没出来。

相对于传统经济而言，移动互联时代，目标消费者的消费理念、消费行为、消费习惯，营销人员的竞争方式等，都可能由于背景、条件、环境、因素等的变化而有所改变，有些改变甚至是颠覆性的，所以，应对原来的销售进行很大的改变，甚至要重构。这重构，就可能使原来的销售有些不适用，需要新销售！

如果您曾从事过传统经济下的销售，又在移动互联经济下摸爬滚打有自己的切身体验，那么您可能认同笔者关于新销售的如下理解。

（1）能直接对接业绩的、并且每个人能用的手机销售系统。人们每天都要在手机上花几个小时时间，你的所有客户、用户、潜在用户、竞争对手也都在手机上，没有这种直接的销售移动系统，实在说不过去。

（2）能与企业战略目标和具体业绩目标对接的手机经营系统。手机是最“快好省”的沟通互动工具，能直接传达以前需要通过科层制的组织才能传达的指令、目标、计划。

（3）能包含经销商、分销商，甚至能对他们进行部门化管理或无隙性合作的移动工具。同上理由。我们原来经常说，经销商没有婆家，自己野蛮生长。部门化合作与管理，是对渠道建设的新的有价值的真正伙伴的形成。在经销商在渠道中的地位与优势形成的同时，企业也加强了经销商的管理与合作。

(4) 能与终端全面对接的终端管理体系。终端才有SELLOUT，在传统经济时代，企业梦寐以求的就是掌控住终端。很显然，原来企业对终端的管理存在鞭长莫及的无奈。移动互联，使空间距离对直接管理的影响几近于零，图文、视频、随时能传的电子表单，使终端管理不再犯难。

(5) 能像淘宝天猫新零售一样的新零售。不但如此，还应比阿里的新零售好，还能吸纳粉丝、培养铁杆消费者，甚至还能将他们培养成自由营销人员、自由销售人员、自由推广人员等。新零售不只是解决消费者到现场的体验问题，可能在零售方面如何吸引更多人接触商品信息、并且最大面积与范畴接纳商品信息、让更多的人与场景为零售服务，这也是极重要的新零售工作内容。

(6) 有专门的传播系统。自带流量，而不是将来一入淘宝海，终生出不来。企业与商家即使有新零售的好的体验系统，但企业与商家现在在零售方面最痛苦与无奈的，还是要花大价钱做流量导入，且在零售方面，完全无自主性可言。基本成了电商平台随意支配的木偶。这是对将来平台能否持续与企业商家合作的最大考验，否则，只要有机会，企业商家一定会跳出平台来的！

(7) 必须还有自己的营销工具（如红包号等）。碎片化时代，至少得有一两个能自己控制的绝招。新销售，就是不能像新零售，或者再回到痛不欲生的此前的现实，别看路径越来越多了，却越来越不是自己的了，越来越被平台绑架了。将来的新销售，就是要自己做，要大部分是自己的，或者是自己掌控的，是自己合作的。即使是平台合作，那也是相对来讲越来越平等的。

新销售已来

我认为未来应是自主的新销售时代，而不只是新零售时代！

由于商业的本质未变，即使销售的本质可能已经有很多变了甚至颠覆了，但新销售只要洞察商业本质，并且深入分析传统与新经济时代的各种背景条件环境要素等的影响，从而提出或透析出符合如上几大条件的新销售，那么，一定是可行的，一定是能带来价值的，并且一定是能够得到可持续发展，为中国的企业经营管理发展作出应有贡献的！

新零售将对快消业带来什么影响

阿里提出的新零售，信息量非常大啊！百分百新概念，百分百颠覆性，百分百打破原供应链、价值链、消费链秩序。

现在阿里已经在各个方面开始进行新零售的试验。那么，新零售会对快消业带来什么影响呢？

新零售对快消业总体的冲击

无论是正在发生的，还是将来可能发生的，我认为新零售可能会对快消业产生如下影响。

一是新工具的应用方面。移动互联已经又快要变成传统行业了，你还没入门，无论是移动互联营销、销售，还是吸粉、互动方法或工具，那将来得多难看啊!

二是消费主权对大规模固化生产销售的冲击。直接C2F（消费者TO厂家）。不管对不对，可不可能，程度多大，但阿里的新零售好像一直想朝这方向走，你不关注，真的恰好颠覆到你这个行业或直接就是你头上了，怎么办?

三是价值链操作的反转，就像我们原来倒着做渠道一样。传统快消品企业关注中间渠道利益居多，对消费者打打广告让他们熟悉品牌就行，现在好像消费者主权时代要来了，新零售好像就是要重点关注消费者体验的样子!

四是中间层级不但是被压缩，还被阿里这些巨无霸中间层级剥夺。原来的渠道为王，是不是要变成“阿里是最大的渠道”了呢?

五是原来的组织、运营都被打破。这明显就是要打散重来，依据新零售来重新设计营销、销售、客服、物流等部门的节奏啊!

六是数据带来的运营、管理巨变，使快消业面临重构：价格体系、渠道体系、产品开发都面临巨变。数据掌握在自己手里还好，如果基本在阿里手里，这巨变可能又得加深一层啊!

综上可知，阿里的新零售，总是能将商业各要素通过比现状更便捷的方式链接起来。快消业原来都是每个企业自己建立自己封闭的商业运营系统，阿里的这个新零售得对快消品企业将造成多大冲击?我们认为，反正朝最坏的地方去打算就对了!

新零售对企业的影响

阿里的新零售，从现在来看，好像主要还是一些淘品牌、时尚类等企业。但是我们都知道，从来没有一场商业革命能像互联网和移动互联网那样可以摧枯拉朽与重构。

企业成了数据源、数据库，这些，使大规模生产不再是时代的主导生产模式，以及能形成企业核心发展优势。我们要知道，现在还有不少企业有数据都不用，都还有拍脑袋决策的。

真正被赶到满足消费者需求的高要求层面上来。对企业能力又是一个真正的挑战。使那些闷头抄袭产品就销售的企业濒临死亡。

开发产品的自我意淫、低毛利的大规模销售模式、金字塔型渠道结构与分销，都面临解体与新发展。而这些，又使原来的金字塔型传播模式，不再产生效用。

从近年来快消品行业企业触网，拥抱移动互联网的情况来看，一是如此大体量的快消品行业企业，做得好的品类不多，以化妆品、茶类、干果等类为主，跟一直引领传统营销相比，行业离引领互联网营销与销售，还差得很远。另外，近期快消业越来越多的企业涉及B2B电商。新零售得花多长时间影响到快消业的问题和最终会对快消业构成多大程度影响的问题，目前还没法判定。但传统的快消几板斧如大传播、强渠道、恶促销，已经受到了严厉的挑战与打击。

新零售对消费者的影响

据报道，新零售，就是要想给消费者最优体验。从这一句话，就知道，新零售希望对消费者产生非常正向有益的影响。以前“品牌为王”“渠道为王”，这明显就是要改成“消费者为王”的节奏了。

新零售的新是过程，是内在，想达到的结果是消费者要认为“好”。

消费者主权得到空前的发展。阿里在教育着消费者日益成熟。厂家的自吹自擂式的传播，真的是越来越没用了。

购买后，享受一体化服务。但销与消的信任关系重构，将是一个需要更长才能解决的课题，也易产生更多的供销消问题。由于定制或叫C2F，对F的定制要求，使消费者面临巨大的需求得不到满足的困境以及纠纷。

很明显，新零售如果真如阿里所言，让消费者有更好的体验，这将直接带动企业经营管理服务 360 度无死角的消费者导向转变。

快消新零售，很彷徨

新零售，说来说去，好像力图让普天中国，变成阿里一家的零售。因为，您在用它的基础商业架构。消费者、销售商都在这个架构系统上面，不断地买和卖，不断地数据积累，不断地滋养着阿里的“新零售”系统。

而对于快消品业原来的低值低毛利大分销来讲，是一个彻彻底底的颠覆。到底怎么走，可能就是个十年以上的探索，或者，阿里提出的新零售，对快消业而言，基本不适合，一定就是一条不归路。

第七章

新快消　新企业

新创一个饮料品类，会有多难

看到一些80后、甚至90后，借着当下好的创业机会，做起了新饮料品类的开发。

这种创新精神值得鼓舞。

但当下的这种创业，也值得探讨。

煮茶

有个85后海归，做起了一个茶，叫煮茶。

据说是基于小时候其对父亲的一些印象。

这也是本身就存在的一道当地特别的喝茶方式。

该茶煮出来后，加的是牛奶粉，而不是奶精之类。

价格较贵，并且主打的是一些超市，也涉及一些像便利蜂之类的便利店。

茶饮料，以及饮料产品开发

我在可口可乐，与雀巢公司合作推广属可口可乐与雀巢公司两者合资开发的第一个产品——雀巢茶，当时以北京作为全球第一个落地城市。后续又作为企业咨询策划顾问，操作过一些饮料产品或茶类产品。确实期待我们的消费市场上，有更多的茶品出现。

中国地大物博，饮食文化历史悠久，全国各地都有当地口碑极好的产品，这些产品由于各种因素，绝大部分未能得到推广，如果这些地方品牌都能得到推广的话，就能惠及更多的消费者。

笔者曾经写过的一篇名为《统一娃哈哈为什么也开发不出好产品》的文章，专门讨论一个新产品最终能否普及，总是受到各种条件与原因限制问题。

一是作为大众消费品，往往需要大企业或者大手笔的营销方式，这使一些受制于资源、资金或市场操作能力的产品难以最终取得市场突破。

二是行业真正的好产品，能一直延续下去的好产品，往往配方、原料等都并不复杂，并且好像都基本现已存在。而一些个性化、特异性产品，需要十年以上耕耘，可能还得有市场契机。

三是产品开发，是个系统工程。各链条缺失，最终难成气候。当然，但有的，可小而美活得不错。

产品首先确实需要定位

应该说，无论时势如何发生变化，以及影响到企业的产品开发，但消费品业的成功轨迹，确实还是最符合一些传统的经典营销理论的。如定位、stp、整合营销、精细化运营、品牌价值与品牌资产、深度分销等。

从煮茶这个产品来看，好像无论是男性，还是女性，喝这种产品，如不进行持续、针对性宣传的话，可能都会存在一定的尴尬。

男人多喝茶。

奶确实是女人喝得多。

从煮茶这名称来看，应是男人喝的。

从奶茶这本质来说，应是女人喝的。

虽然该款产品最终定位于新新人类中的女性。但我还是要说：

茶，首先目标消费者的定位非常重要。

消费品基本都是需要策划的

为什么？因为消费品大多是工业化生产，所以，一般需要投入厂房、设备、包装、仓库等，这些，都是非常大的成本。批量生产，大众消费，如果定位不准，这种非常高成本的创业，那就太不值得了。

所以，对人群进行定位，对市场进行细分，并且进行整个的规划、计划与系统性打造，还是非常重要的。

我们可以列举一下，饮料行业，确实是大品牌的天下。大公司占据如上所说的一些成功要素，进行大规模化生产、品牌打造、营销与销售建设、队伍培育等。

综合来看，即使是好产品，也未必能在市场上有涟漪，能最终获得市场成功。消费品的新品推广确实是一个非常庞大的系统工程。

现在的一些新消费品类创业，往往不少认为，靠互联网的强大力量、资金的支持，甚至自己的大胆，就可能成就一个商业传奇，可真是非常难！

市场资源非常重要

毫无疑问，消费品业产品，有了定位与策划，就需要进入市场。而进入市场，要想真正成功，除个别巨头型有自己独立做市场的能力外，基本都得借助渠道的力量。

渠道是外部力量，所以，企业就需要招募销售人员进行区域开拓，或者进行招商，找到经销商合作。

这些，其实已经完全脱离了移动互联创业与应用的范畴，是实打实的执行具体工作，来不得半点虚假与浮夸。

目前，很多不太重视，或者根本不太懂渠道建设、渠道管理、渠道拓展的一些创业新军，总是在广告上轻描淡写地写道：招募城市合伙人。认为这种通过网上招募合伙人的方式，就能将渠道体系建立起来。这种想法确实是肤浅的。

消费品新品的推出不只是创业，是长达十年二十年的开拓

消费品业，难以见到创业一两年就成功了的。即使一下火了，但肯定不能持续发展。当然，巨头企业的一些新品可能例外。

如汇源他她饮料、锐奥饮料，还有王思聪投资的某饮料等。

消费品必须产品定位、销售执行两者都到位了，才有可能爆发与持续。

所以，一般的消费品行业创业，除开一些不良经销商，做些假冒伪劣产品，否则，就得沉得住气，做好足够的思想、资金、人员、市场准备，才有可能成就一代名品，或经典产品。

不过，我们确实是非常期待消费品业的新品突破。那种将基本能够成就一段行业传奇的突破。六个核桃、香飘飘都是好的典范，也都上了市，实现了企业与企业家的巨大成功。

为什么连统一、娃哈哈都开发不出好产品

2017 年，娃哈哈几次在一些公众号中被黑，而统一中国公司同样如此。

近几年，消费品业的产品开发，不断被业内外人士诟病，难道消费品业的产品开发能力及营销能力都集体下降了？

时代的食品饮料酒业，产品多只是一个载体

个人认为，食品饮料酒业产品开发，首先不要把这类产品想得太“高大

上”，也不要先就想着要开发出一种惊世骇俗、无比惊艳的绝世好产品来。虽然食品饮料酒是日常消费品，但日常我们又处在一个有的是吃、有的是喝的时代。快消品，已经逐步演变成一些消费者个性张扬或表达、情感寄托或释放的载体。有些时候，我们可能给所开发的产品承载或者太多，或者不当。

随着80后都快进入人生的第四个十年，90后、00后作为主流消费人群的时代已然到来，消费品企业确实在迎合主流消费人群需求方面也同样或者有偏差或者有缺失。

为何会有偏差或缺失？下面继续道来。

口感仍一直是最重要的

食品饮料酒业的产品都是要入口的。不少消费品企业，可能受到西方的产品概念、开发理念的影响，总是在产品开发时朝着文化、社会层面往高的拔，如给诸多饮料寄托消费者切身感受不到的文化、绝大部分白酒都朝尊贵上挤、吃了某些食品就创意不断等。

其实，仅从饮料说，饮料入口，本能反应的那一瞬间的感受，是最重要的。这种喝下去的直接感受就是最大的认识，你很难通过营销来改变人们的这种口感。

所以，经常会有一些消费品企业带着自认为好的产品来找我们，说自己的产品是如何独树一帜、如何独一无二、如何技术先进等。如果产品口味本身不好，或者难以通过一些方式做改变，再好的咨询策划也没用。包括一些口味测试不好的产品，拼命做营销，将来产品滞销，也是必然发生的事情。

原来消费者调研与洞察那一套已经不行了

统一企业原来是有很多产品不错的，如统一冰红茶、冰绿茶、统一

100 方便面等。为什么现在一些人眼里，就开发不出好产品来了呢？

而娃哈哈的营养快线，最高也达到了年销售额两百多个亿，占了娃哈哈总体业绩的一半。怎么一下子就不行了呢？

这是产品的问题吗？经典的产品不再畅销，其实这已经说明：产品离主流消费者有距离了。

作为曾经的消费品业产品经理，我确实看到，即使是一些国际巨头、本土最领先的消费品企业，原来的消费者调研与洞察，基本是靠第三方研究公司或营销公司或传播公司，这种做法在非移动互联时代，确定是奏效的。但随着移动时代人与人之间沟通方式的改变，这种做法可能就真需要重新探讨了。

并不是说这些第三方公司不好。在非移动的传统时代，信息获取、传播、认知都是从上到下、封闭、不对称的、单向的，甚至最后都可以是有主观选择性的。所以，那时流行“认知大于事实”的说法。产品开发者什么主张、可能认为消费者应该会接受你提出的什么认知内容，只要大力坚持宣传，消费者也就懵懵懂懂地接受了，并且付费购买了。

所以，以前的 AC 尼尔森公司如何告诉消费品企业其调研结果；以前的奥美在定性调研会上，怎么自以为是地认为消费者是什么类型产品应该如何主张；以前的全球最大定制调研公司，提出固化的消费者五种画像来进行消费者定位，也没人质疑。总之，那时企业定位概念大行其道，如王老吉凉茶，怕上火喝吧，没问题，没毛病。

以上这些都说明，那时消费者没有主权，因为那时不可能做到信息对称，所以，企业说什么就是什么，也难以追溯。那时企业做品牌、做传播、做营销，最喜欢说：认知大于事实！

但移动时代是消费者主权意识觉醒的时代，我们为什么要说体验、要说场景，要看别人的点评，而不是看广告，就是消费者主权已经深入到了更近一层：亲朋好友的推荐、意见领袖的认同、以及自己场景体验的结果，才是自己选择产品的理由，而不是企业的一面之辞。所以，只有这些才能建立信任度，才能引发购买。

目前，这些能够轻松实现的消费者诉求方面的改变，在笔者任职产品经理的那个时代，产品开发时是很难被捕捉到的。

而我们同样作为乙方公司，这些消费者方面的改变，也是在工具、方法上很难一步到位的。

总之，原来产品开发，主观性很强。但即使主观性强，消费者基于信息获取不直接等现实情况，也认了。但在信息完全通透新快消时代，原来那套不行了！

移动时代，消费个性、文化、情感仍很难捕捉

上节说的是消费者群体在消费理念、行为、习惯方面的改变。

而这节里要说的是：消费者群体的消费理念、行为、习惯都有所改变，但是，因为移动互联的碎片化，以及新的人与人之间的沟通关系，使企业对消费者群体的洞察，又多了一层艰难。

我们都说物以类聚，作为产品来讲的话，只要做好品类，或者打造出自己的一个独立品类，那么消费者就会自然以产品为载体，聚集起来。所以，企业定位消费者群体以年龄、区域、收入等为关键词。这是我们的老套路。

但大家都说现在是“人以群分”了。即消费者以某种兴趣、习惯等为纽带形成一个一个碎片化的群体。而这些群体，都散落在碎片化时代的各个角落，企业很难收集、觉察、分析、研究，更别说给这些数以亿

计的碎片化群体提供个性化的产品了。传统消费品企业都是大规模工业化时代的产物，生产线、组织结构、工作流程等都是为此而准备的，要调整到针对这种小众群体开展生产运营，根本是不太可能，只能完全重生。

是不是对碎片化及新时代的消费，就没办法了呢？办法还是有的，那就是大数据了。大数据，可实现对每个人的行为数据分析，从而有可能对其消费理念、习惯等进行了解。但问题是，基本没什么企业能有如此大的数据，或是能满足这种大数据收集与分析的系统。并且，原来都最多是终端的渠道数据系统，从这种系统要发展到全面的消费者数据系统，企业不知还有多长的路要走！

当然，现在的阿里、京东、1 号店或某些垂直电商平台，他们已经有了一些大数据能力，但是，这第三方的数据，要能影响到企业的消费者洞察进而据此去开发产品，这中间的距离，又得有多远？！

不要再不屑这些消费品厂家了

因为，这是移动互联带来的消费者的改变。

而消费品企业，无论是了解消费者、洞察消费者，进而建立自己新的基于消费者个性化需求的产品开发系统，估摸还得摸索至少五年的时间。

所有的商业变革，可能都得基于此——消费者变了，厂商也随之变了，而厂商的，才是颠覆性的变，这颠覆性的变，得有足够的人力、物力、财力、时间，得有足够的摸爬滚打。

移动互联，倒是让一切传统与新经济，都从零开始。既然是这样，那我们就继续为传统企业加油！还是让我们为传统企业的转型、升级，甚至是振兴，而共同努力吧！

宗庆后创新，请给多一些尊重

近期娃哈哈集团变革多多，无论是自动售货机，还是中国糖果借壳上市，包括最新的饮料瓶广告。

虽然不少弯路、不少质疑，但是，我们要说，你是好样的！

中国饮料业其实是娃哈哈首先实现了颠覆式创新

2001年，我在可口可乐做产品经理，当时因为做酷儿和雀巢茶，所以，还专门将人聚集在一起，将娃哈哈作为竞争对手研究。

娃哈哈当时的联销体，确实在现实中给可口可乐一定的阻力，虽然可口可乐的渠道系统是全球最完备、执行最细致的，但面对新品上市以及竞争时，被娃哈哈公司扼住咽喉的联销体经销商们，还是我们不可忽略的因素。由于将经销商进行了捆绑，经销商都交了巨额的保证金，使娃哈哈的产品无论怎样，都能将产品快速铺进一线终端。

尽管娃哈哈当时招聘的一线销售人员没有可口可乐的多，但当时也采取了一些行动，如经销商进多少货，就给一定比例的人员费用，使娃哈哈能够同样将尖刀插进市场，也有了一线的基本执行力。

娃哈哈无论从产品本身（包括后来的营销快线），包括渠道建设模式和一直被外界津津乐道的市场走访式调研方式，这些，都与西方有一定的不同。可以说，也都具一定的原创性。此外，不设置副总，这也是娃哈哈的特色。现在不少人认为，娃哈哈只会采取的跟进式策略，无论是产品、还是渠道等方面。这是有失偏颇的。

所以，我们应首先为娃哈哈点赞！一个四十几岁创业，凭借独特的战略与策略做成中国首富的人，即使过程中多有问题让外界不理解，但我们还能说什么？

中国饮料企业，并不缺乏创新性

无论是伊利的舒化奶、谷物奶，海南椰岛的椰汁，中国曾经的苦瓜啤酒，最近开始流行的米乳汁，一直在奋斗的葛根饮料，2017 年突起的山楂饮料等，中国的饮料企业本身还是积极在创新的。

但是，我们至少应为这些愿意创新的企业点赞。

在中国企业接受了西方管理理念长达一二十年后，西方同样遇到了移动互联时代的重新出发的问题。虽然，国际巨头们由于一直置身于市场经济，有自己的应对体系，如可口可乐、宝洁的市场部都发生了很大的质变，但是，我们看到，西方与本土，在营销与销售发展上，又基本走到了一条起跑线上。

这是一个千载难逢的机会。我们要给大胆创新者点赞！

宗庆后创新，应得尊重

关于自动售货机，这是可口可乐十多年前，就开始引入与应用的售货系统，我们在近年与一些食品企业合作的过程中，也发现有企业在探讨应用。但是，像娃哈哈宗庆后，却不只是察得先机，而是真正成立公司来运营，这完全是饮料业外的另一种运营模式啊，但是，他们就做了，还开了中国饮料行业之先！我们要为其勇气与开荒牛、孺子牛的精神点赞！

关于饮料瓶上印广告，从我们行业交流中来看，确实不少企业也有人士提及过，可是，也只是宗庆后最先推出。推出之后，才见行业一片哗然：我们原来也想过的啊！

虽然，饮料瓶上印制广告，可能会带来诸如线上线下结合的难度、消费者抵触、实际作用小、销量可能下跌、认知混乱等问题，但是，我们仍是期待宗庆后的探索，能够得到实质性甚至革命性的回报。

回到2016年12月25日因央视《对话》节目中宗庆后对马云“五新”的理解，以及后来马云在某政商界高规格会议的公开演讲的“互怼”。其实，大家真不必较真。他们后来其实还产生了一些实质性的相关合作。

宝洁为什么说“交出品牌的皮肤”

宝洁的大中华区品牌管理部副总裁说：交出品牌的皮肤，传承产品的灵魂。

这是宝洁近年来对品牌的新感悟。

而还有一些人与企业，在非常认真的“做”品牌。

而宝洁能出此语，交出个啥的，也还真使在传统与新经济混杂时代讨论品牌有了意义。

经历过两次世界大战的品牌企业在新生

据宝洁的副总裁介绍：宝洁经历了无数次的经济危机，起起伏伏，依然坚挺。今天归结起来，创新和不断学习是让公司历久弥新的好办法。

所以，尽管宝洁已经进入中国市场30年，但在宝洁人看来，它依然是一家年轻的公司。她说：“我不想谈90后，我要谈00后……”面对00

后，我们70后、80后、90后都是老一辈了，我们宝洁的老一辈，现在一直在研究与实践怎么和00后交朋友。

是的，虽然时势变了，变得国际巨头也时有彷徨，但他们开始正确行动了！

宝洁经历过两次世界大战，各种政治、经济、社会环境都曾发生了我们不可能预估的变化，也都必在那两个时代，对旧的东西，产生了不可磨灭甚至颠覆性的影响。说明这世上总还是有些正确的发展逻辑，能够被抓住，被认识，并且被企业通过一定的经营管理手段去实现。

品牌核心到底是什么？产品有灵魂

产品质量是灵魂，这是宝洁要告诉我们的。

所以，消费者、用户即使是认知大于事实，尽管不少企业甚至用假象去蒙混消费者的心智，但是，最终可能都是产品灵魂与消费者灵魂，能够实现对接或共鸣。

这并非形而上的表达，而确实最终是心灵有相通。

曾经，全球最知名的、排名第二的市场研究公司，世界第一的定制市场研究公司TNS有个分析工具，认为消费者其实在多层的消费需求中，除开第一层（即功能），其他几层其实都是心灵上的、软性的，非功能性的。

如果真正的品牌、真正的能与消费者产生共鸣的企业，那么，就可能要从这里去体悟。

尽量站在消费者角度去考虑经营管理的一切。

尽量让自己的企业、自己的产品与品牌有“魂”，让消费者在情感、心灵上认可。

当然，宝洁原来的消费者沟通，通过电视广告，多是以产品本身的功能效用作体裁，那种方式在传统时代，有非常直接的传播效应，但是随着移动互联的无边界多向沟通的实现，这些就是需要真正去调整的了。

是的，那时是信息不对称时代，从上到下、不对称的、封闭的、自说自话的，成了当时的品牌传播主要方式。

但是，我们也已经看到，每年年初，都是各种消息从全国四面八方传来，某个知名杂志又停刊了，某份国级或者省级大报，也开始停止运营。没有交互，没有沟通与互动，只会是故纸堆里又多了一份杂志一份报纸，电视的开机率，也就越来越低。

品牌依什么而建？思考消费者要什么嗨什么

做品牌要思考消费者要什么嗨什么，而不是我们想要他嗨什么。

这句话也说明，在新快消时代品牌也还会在，只是打造的方式得改变了，一些老方式老手法，即使打造出了品牌，但品牌没了价值，也就没了啥意义。

科特勒曾经说过，数字时代的到来，要打造品牌的心动时刻。这和宝洁所说的嗨动时刻，看来是异曲同工。

这说明，可能现在的品牌打造，还不止上面的情感、文化诉求那么简单，还需要创造有机的、生命性的峰值品牌沟通互动效应。

这样看来，品牌打造，真不能再将产品品牌当作死物了！

品牌存在靠什么？用户参与到品牌建设中去

有人说 15 秒广告没用了。宝洁的一个放开心态去拥抱消费者的广告，让消费者现场看广告，还鼓起了掌。

也就是说，品牌打造，首先，形式并不重要。

其次，无论企业多么品牌，都得放下身段。

再次，消费者主权时代已经来了，不太可能还是原来那样。你在打造品牌的过程中即使制造各种为己所用的认知，大于事实或者偏离事实地向消费者宣贯，他也会接受你的产品。

最后，消费者的主权意识已经强烈到，要参与到企业的品牌建设中去了。他们要参与到产品功用、个性、情感、文化等方面的设计，会对包装、内在提出要求。企业闭门造车、自嗨而不让消费者嗨的产品与服务，消费者就会用不购买来投反对票、不支持票。

这样做品牌没品牌价值了？理想与价值可共鸣

品牌不只是理想、不只是消费者说了算，其实中间是可相通的。这有以下三个原因。

（1）理想、现实，可通过价值桥连接。

（2）价值观，是不说假话、不装、不做作。价值观是可统一的。灵魂都能相通，价值观当可统一。

（3）共创价值，这样价值才可久远。

宝洁这样做，脱掉了品牌的外衣，装上了消费者资产

原来做品牌，多自嗨。

现在做品牌，是共创，实现消费者资产的积累。

别看消费者资产，是一个很普通的词，其实，这五个字表明了企业的认识产生了一百八十度的转变。消费者的地位，真正实现了主权。两者的一致性，实现了价值观、产品与品牌、认知、理想、现实等的多重融合与共识。

这就是宝洁，对我们的启示。也是在很多人围绕移动时代、数字时

代品牌还有没有用、有没有效大谈特谈的时候，我们却正需要努力去实现的。

康师傅、统一为什么股价暴跌

据悉，2018 年 11 月末，在康师傅公布三季报的次日，康师傅股价暴跌 17.74%；在康师傅公布三季报的当天，统一企业中国股价也暴跌 12.5%。不仅如此，半个月前，统一企业中国公布了三季报后，股价也应声暴跌 12.4%。

康师傅和统一在 2018 年上半年两个季度业绩都不错，但为什么一出三季报，股份即暴跌呢？有人说：统一、康师傅“股价暴跌惨案”都不应该孤立地看，倒更像是一种资本市场的提前预判——快消企业明年不一定好过。

再看第三季度部分数据：康师傅公布的 2018 年第三季度财报显示，集团实现收益 188.63 亿元，同比减少 4.19%；毛利 62.94 亿元，同比减少 1.61%。

有人说消费升级让两家企业业绩下降，消费降级会让两家消费品企业业绩增长。可是，我们总不能将业绩的瓜，让所谓不明的消费升降级来背。也有人说了，现在根本没有消费升降级，只有消费分级。

移动互联将进入产业互联网时代，几年混沌，是该做些思考与分析了。

好像营销决定一切

近期两家的业绩变动，我们能看到的分析，基本都是营销如何影响到了业绩增长的，如：

- 产品多年的广告效应没有了，新的有效传播手段没找到，或现在执行也没什么好的效果。
- 品类的占位与突破，由于目标用户的去中心化与离散性，从而效果也不明显。
- 实施了一些IP营销，但只能影响一部分人，与原来的可以依靠各种营销手段影响大众相比差异明显。
- 正在尝试用一些新的营销管理工具如访销、DMS系统等，效果观望中。
- 用了一些流量、获客、转化、裂变的一些营销技巧。
- 与某些巨头新零售进行了合作。
- 给市场更多一些的促销政策或者进货返利，或者年终返利。

……

虽然做了很多努力，但是，综合来看，就是效果不明显，也难以知道到底哪种方式更有效。

总之，好像决定企业业绩的因素，就只有营销一样。

可是，我们也要说，这本身可能也是主要问题。

是的。只是因为传统营销、新营销在灰度时代进行的“青黄不接”，严重影响了业绩，而其他方面完全无计可施了一样。

快消品现阶段的主要问题

虽然营销非常非常重要，但现阶段，快消业的主要问题，可能还不只是营销问题。营销是将产品卖好，产品才是源头!

快消品现阶段的主要问题，就是产品能否更符合现实需求的问题。

现在快消品消费的主流人群已经发生了变化，原来是60后、70后，以及80后，但现在肯定主力是90后、00后和部分80后了。近日有消息爆出中国人口抚养比的数据（90后人口比80后减少了44.2%，00后又比90后减少了33.7%）以及拼多多逆袭中国的消费市场等。这些都表明：中国的消费者变了，消费理念、心理、行为等可能都变了。

消费品行业的同人，原来多讲产品的功能需求、软性需求。在商品匮乏时代，可能是功能需求占主导，软性需求其次。现在物质丰富了，确实还有些老牌消费品企业虽口头上讲情感需求越来越重要，但骨子里或现实中，却还是产品功能性占主导。

所以，娃哈哈的产品包装，被人诟病，六个核桃、香飘飘的产品单一性，被人诟病。宝洁的按产品功能分的洗发、洗涤等，被人诟病。

……

被人诟病不要紧，重要的是，原来的产品开发方法不奏效了，新的方法却还没找到。

快消品行业产品创新难，于是，只得都将心思用在营销上了。并且还不是大的营销体系化的改进，由于找到好的改进方式需要过程，所以，现在的营销，又都可能用在找与应用一些小技巧上。

这样，快消业整个这几年都基本无语。

行业升级难

由于消费品业太过传统，所以，升级难，这倒也是事实。

但是，其实，现在，应该已经冒出了快消业未来发展之路。

也就是说，数据时代也是真的要来了。数据，无论是否是风口，一直就是企业应该掌握的，并且进行数据统计、分析之后的企业升级。

快消品企业的受众面广，在营销方面，原来为什么说广告费用一般都有一半会浪费掉，但不知浪费的一半在哪里，那是因为传播的对象不精准。

在销售方面，为什么要从原来的国代、省代到砍掉一级批发商的做到服务 1.5 批、二批商？为什么要实施深度分销？为什么每个业务人员都需要每天填报表（可口可乐甚至有所谓的 R1、R2、R3 表要同时填）？个中原因都是为了拿到数据，掌握信息。

只是，原来的数据，与现在的移动时代、数字时代的数据的应用会有较大不同。原来的数据是割裂的，能做的标签、分析、结果反馈、应用难易度等，都会有所不同。移动时代的各种无隙打通，使消费者、粉丝、用户、终端、分销商的各种消费、分销行为等等，都昭示眼前，将企业运营的颗粒度、精细化，上升到了一个新的高度。这也使原来的其实是自我判断的消费者需求了解与洞察，上升到一个新的层次，也使上面所说的快消业最主要的问题——产品如何满足需求的问题，有了一定的改进基础。

我认为，即使知名如宝洁，其实都存在难以及时、切实地满足消费者需求的情况。行业突破口，可能就得从这里开始。

清醒认识数据只是部分消费者和其行为

别看数据时代，马云的号角吹得这么响，康师傅与统一也都与阿里等新物种在合作，但为什么股价还是暴跌呢?

我们应该认识到，数据时代是一个需要大量数据的时代，数据积累是一个非一蹴而就的过程，而数据应用，则更是一个点滴升级、螺旋式上升的过程。虽然现阶段还只是数据时代的灰度、初级阶段，但必须又要开始行动的过程。

我们来分析一下现实情况。首先，现巨头们多只是与阿里京东等进行或初级或尝试性或局部性的合作。这些个数据接口，现在都是有限的。蒙牛说过，这些只占其业绩的 1/60。相信康师傅和统一两家与电商合作的幅度，也不会是大比率的。这不到 2% 业绩占比的合作幅度，以及还有一些数据是离散的、非连续性的，必然导致针对这种合作所做的数据分析不能帮助品牌商提升太多业绩，甚至会给品牌商带来一叶障目的分析决策因素。

另外，这些数据的分析工具能否匹配到位，也值得探讨。早在20世纪末，我们甚至就知道超市的结账中就蕴含着巨量的消费者信息（其实，这些数据对大数据时代的个性化产品开发是非常有价值的），可是我当时作为快消业一员，经多方了解，竟没发现有谁意识到这些数据还有研究价值。

现在是移动互联时代，正处在数字化时代的前夜，有些分析是方便了，算法能帮忙，但是，但实现彻底数字化到底还有多长的路要走，也是品牌商下定决心立马启程的时候了！

产品与需求，创造价值

对于康师傅、统一而言，打造品牌，第一位以及最重要、最核心的工作就是打造好产品，做好整个产业链中最价值的工作，创造价值，并且基于此建立好基础工程。这是未来可持续成长的关键。

首先是数据能帮忙。虽然上面提到与电商合作所得数据可能有些一叶障目的味儿。但与原来自己搞市场调研或者请调研公司调研相比较，我个人觉得数据还是更接近事实些。原来的市场调研，要么是街头拦访，要么是问卷，要么是打电话，这些调研，都是在意识控制之内的。而现在的消费数据，确实是意识之外的，更真实。

在这方面，依据这些信息，结合其他路径的信息资源，进行产品品类、口味、包装、促销等方面的调整，一般来讲，是会有更好的收效。

所以，在此，也建议快消品企业痛下决心尽快找到自己的数据（消费者）系统发展路径。即数据还是要相当部分掌握在自己手里。

因为，未来消费者资产一定是企业最重要的资产！

毕竟，现在各种合作性的尝试，该试的也都试了，合作能否取得突破，也能作出基本判断。风口论已远，产业互联网已来，还不如静下心来，打造自己的消费者数据体系。其实这方面纷纷试错的时期已经过了，现在弯路也少了，技术也已经成熟了，就等品牌商自己好好发力了。

康师傅与苏宁合作，这是什么新信号

康师傅与苏宁合作，你看渠道是真的要变了吗?

这在传统时代，只能说消费品企业与卖场合作，再正常不过了。

只是，渠道未来迷茫，或许，这是多年来谈及的厂商之间的真正的合作?

渠道变革，近几年整个行业失语

多年一直是“渠道为王”“终端为王”喊得坚定、喊得响亮彻底的消费品行业，在渠道变革这方面，却这几年一直失语，为什么?

因为中国消费品渠道变革，其实很艰难。

因为中国消费品渠道要变革，也将会比较复杂。

艰难在于，基于渠道的坎级体系，企业产品在渠道中设置的价差体系，形成了从厂家到终端，都是利益共同体。从而渠道变革，牵一发而动全身不算，还是命运共同体了！移动时代风口频频，来者不善，个个都想颠覆，却最终不少都面临困境难以突破，主要是这个原因。

这里的复杂不是说中间流程太多、结构太乱等，而是流程其实基本都是固定的，各种力量始终在博弈，结构很单纯，单纯到只剩下价值与利益，但是博弈之间，就不断出现平衡、纠结、交织各种复杂情况，从而变革可能反复。企业如果不是谨慎研究分析，并制定出较完善的系统，一般不敢“轻举妄动”。

小结一下，动渠道就是动利益，就是动一些人的命根子，你说难不难、复不复杂?

大牌企业为什么原来做深度分销、分销协作

大牌企业之所以做深度分销、分销协作，这主要是因为企业明白这个道理：渠道商们是独立经济实体，不只是自己的附庸，他们又都是有自己的资源与能力，如何协同中间商开展友好合作，这是厂家最终能够实现业绩与规避竞争的关键。

所以，深度分销，是一个将渠道中间的流程，进行分工，以实现联合服务终端，到最好的合作状态。深度分销实际就是原来的渠道四大流程：商流、物流、管理流、资金流进行了分工，厂家与中间商各占一部分，共同向终端服务的过程。

而分销协作，则是厂家派驻销售经理，协助经销商的销售人员，进行市场操作的过程。

这两种方式，都是企业对市场进行充分了解与研究的结果。

第一，原来的传统批发，这是肯定不适应时势了。原来的传统批发，有不少是坐商，现在移动时代消费主权逐步觉醒，连企业研发产品都要与消费者直接沟通互动了，坐商肯定不合适。我们都见识过，一些批发商连五十元以下的罚款都不收，要凑整的野蛮批发行径。

第二，企业其实都知道，渠道中间资源一定是要利用的。娃哈哈的联销体，就是能将渠道资源发挥到极致，用保证金将中间商拴住的极端情况。

所以，企业的深度分销、分销协作，就是对中间渠道进行有理有利有节合作的较优形式。

懂渠道运营的企业，在新经济时代，可能就要基于这种本质，进行渠道改革的思考与探寻。

康师傅们，渠道关系一定是合作关系

原来传统经济时代，还有不少企业都喜欢说渠道管理。

可是，经销商如何你不赋能给他们，不利用他们的优势进行合作，中国的三、四、五线城市，根本不可能是你自己能够销售直接触及的。

关于康师傅与苏宁的合作，可作如下解读。

其一，这是原来重视深度分析等的合作思想的延续。

其二，这是对渠道优势资源的抢先利用。

其三，是对未来新形势下渠道合作与发展的新的探索。

其四，是基于未来数字时代数据作为经营管理底层的逻辑而进行的新的准备。

总之，基于最近这几年消费品企业对未来发展的反应静寂、渠道商对B2B的焦虑，以及新零售的茫然，康师傅和苏宁的这种合作，是有行业引领意义的。

个人认为，近几年的消费品企业，前两年行动可能迟缓了一点，但思考、关注却一直没闲着。随着几年的准备，消费品巨头企业们，已经认识到应该充分利用渠道成员的互联网能力、数据能力、平台能力、商业系统、运营系统等来为自己搭建未来的渠道运营与管理大厦做好应有的准备了。

别小看京东做物流

京东做物流，是看到了做商业不可或缺的东西。京东要是自己做自有品牌试试？肯定必败。

商业公司的价值，就是将有影响力的企业已经创造出来的有价值的产品，进行价值传递，从而获得自己应有的回报。

所以，京东加大物流、信息流等的投入，牢牢抓住自己的核心能力，力图将商业服务做到极致。

也别再看阿里做新零售，企业茫然或纠结

阿里搞了两年多的新零售，其实也一直在中国商业界的议论探讨、学习甚至后起斗，推进着。

2019年年初，阿里在逍遥子张勇的主张下，发布《阿里巴巴商业操作系统》。这说明阿里终于认识到自己作为商业公司的定位了，不再去“打劫”商业的上下游，而要打造自己作为商业公司的核心能力。同时表明阿里决定赋能给上下游，开展平台化或模块化的建设未来。

所以，企业与阿里未来的关系，可能会产生一些微妙的变化，也存在更多的一些合作的可能。同时，新零售可能将来不会是阿里用来颠覆传统商业的利器，而是阿里与企业合作的可能手段。

当然，阿里可能也不再会在新零售开店上如狼狂奔，企业也没必要为没学到如何做新零售而纠结。未来，新零售就可能只是整个商业的一支补充。

康师傅与苏宁合作，就是告诉我们将来供销一定是相得益彰的

别看阿里想做制造型零售商，那也是喊喊口号而已，最终可能也不过是将一些本来就没品牌化、价值创造的加工生产者沦为自己的加工基地而已。上文已经说到，随着商业环境的成熟，在张勇带领下的阿里可能会更理性。

一个把货提供好，一个卖好，共同对消费者进行服务与深挖，共同取得消费者数据，共同取得数字化升级，各自做大，各自针对未来升级成

功，这就是未来的企业－渠道合作的基础。这其实也是当下的快消品企业，为未来制定战略、制定规划、确定计划，最好的落地方式。

数字时代，厂商越早进行合作探索，未来路就越宽

数字时代不可逆转。

数字时代，就不一定再是货物的关联，而使厂商在一起了。厂商不再进行销售渠道合作，合作也就可终止。随着数字时代的到来，即使交易、合作、渠道共通不再存在，数据底层却还是关联着。

所以，在数字时代即将要从移动互联的启动，进入到真正成为时代节奏的过渡时期，无论 BAT，还是传统企业，还是正在创业初期的企业，都在摸着石头过河。快消品企业倒不如尽快行动，以便及早得到发展的红利。

以可口可乐、雀巢、统一、康师傅等为代表的、更多的消费品企业，会有更多的行动。

数字伊利带给快消品企业的数字化思考

据报道：2018 年 9 月 28 日，伊利“浑天仪”系统正式上线。

伊利“浑天仪”系统，可以依靠数字化系统分析、评估、精准预测市场发展态势，辅助终端网点的布局规划和落地。

除了在下游销售端使用浑天仪系统，在内部，伊利还开发了 MES（生产过程执行）系统，构建数字化工厂，实现管理的精细化、透明化和高效化。

也就是说，伊利针对未来的数字时代，已经早早规划、早早行动，并取得了应用突破。

何谓数字伊利

以下为数字伊利的相关报道。

伊利集团部署多年，很早就制定了“数字伊利”的战略，以打造全产业链数字化生态系统的实践。

数字牧场：在伊利牧场，通过推动数字化养殖，打造了智慧牧场，奶牛降生即佩戴电子耳标，通过耳标数据严密监测奶牛的各种状况。伊利集团开发的牧业管理系统将牧场工作流程进行数据化管理。

数字工厂：伊利工厂实现了全部信息的数字化，打造智能制造的样板间。凭借数字化的应用，依靠电脑就可实时监控运行情况。在制造过程中，各种数字化信息实时反馈给管理者，各项指标自动汇总计算、多维度的对比，受益“智能参谋”。

智慧生产：依托于数字化、智能化方面部署，智慧生产既提升了生产效率，又保障了产品品质。在行业内主导了国家乳业“智能制造标准研究”项目。

此外，销售终端：渠道布局与消费洞察方面，数字化的智能终端也发挥了效力，通过伊利自主开发的“浑天仪”地理大数据系统，依靠数字化系统分析精准评估、精细预测市场发展态势，支持终端网点的布局精确规划和落地。

总体来看，伊利在上游供应、内部经营管理、销售几个主要方面，都进行了数字化布局，表现出了一定的前瞻性。

数字消费品企业需要的思考

快消品企业在移动时代普遍表现出了“沉稳、冷静”的气质。即使如此大的风口，也有如此多的颠覆、摧枯拉朽的声音，但传统的消费品企业并没有倒下多少。其中的一些知名企业，更是迎难而上，进行自己的思考、研究，以及积极的拥抱移动互联网与新经济，进行合作与试错，为成就自己的未来数字化时代的经营管理升级而努力奋进。

伊利的“数字伊利”，就让我们看到了消费品业的一些行动。那么，在数字伊利背后，包含着消费者企业需要的哪些思考呢？

个人认为，主要表现在如下几点。

（1）认识到数字时代的未来，不但不要被移动互联时代（数字时代的前奏）所迷惑，反而现在就要有所规划与行动。思路决定出路。

（2）战略层面的重视。有顶层设计。

（3）以数据作为底层，进行统一部署。

（4）多部门多职能筹划，不只是销售系统，更不只是基于电商。

（5）以可供决策信息为意旨，贯通整个数字企业的开发，以及以此作为整个系统能够运行的检验。

总体来讲，消费品企业的数字化建设，是要有战略高度，以数据为底层，以可决策、执行的信息为检验依据的企业全职能化实施。

确实现实中，伊利已经将数字伊利落地，但伊利毕竟是个传统企业，也就是我们现在常说的不是互联网基因企业，没有多少数字基因。我们消费品企业，如何实现未来可持续的成长，仍需要在如下几个方面做些探讨与补充。

基于现在与过去的数字包装

消费品企业要数字化，要避免传统思维包装上数字化的壳。

一是虽有数字化的战略，但规划层面，还是传统的。并没深刻理解移动化、数字化、智能化的未来企业，与现在会有什么本质上的不同。如消费者主权意识不断提升后，对整个企业带来的经营思路的转变等。

二是软件开发与执行，也是基于传统的。即可能开始只是将原来纸面上的、PC 电脑上的一些数据或信息，搬到手机上。而社交性、协同性、参与度等，并没得到体现。

三是基于管理，而不是基于经营。即数字化不是以经营与业绩提升为目标，而仍是以管理层便于管理、掌控流程、考核等为数字化建设的目标。

四是从上到下的、封闭的、单向的、金字塔式的企业运营逻辑。

微信为什么能成功？就是因为它完全脱离了 PC，从移动互联出发，分析未来可能的场景，进行产品设计，进行软件架构。而传统快消品企业进行数字化转型的第一步，就是打破固有思维，基于未来而不是基于现在甚至过去，去进行所谓的数字化构建。

是做数据入口，还是做数据经营管理系统

目前从总体来看，不少消费品企业搞的数字化系统，其实还只是一个信息收集系统。

如上文提到的伊利关于牧场奶牛、生产管控、市场渠道终端等的数字化系统，好像更多还是以信息的收集为主。当然，信息收集，是数字伊利得以实施的基础。

从数字化转型的现状看来，确实有不少企业做着做着，最后就做出了一个收集入口，只具备非常简单的数据运营分析能力。也曾经有一个消费品类企业，做成了 OA、CRM、ERP 等，却少了一个数据入口系统，这也是要注意的。这样造成，企业花费大量费用开发出来的经营管理软件，连数据入口都不一，更别说统一为经营管理决策服务了。

所以，未来数字化转型的成功，其基本要求可能是，需要前置性的顶层设计与全面规划，能够确保各个板块的数字化是一步一步来完成的。

终端管理而非业务经营

伊利的“浑天仪”系统能对全国数百万终端门店进行信息收集，将企业内外部多数据源进行整合，利用深度学习算法和数学建模技术，对市场环境渠道态势进行精准识别；同时运用最前沿的大数据，图像识别、地址解析等技术实现智能制造，将人、货、场、介融会贯通，助力一线零售市场的业务发展。帮助特殊人群找到离自己最近的零售地址，针对不同类型的消费者给到最优的推荐方案。比如通过对潜在高消费地区的自动化数据优选，提高该地区某品类的铺货量，从而拓展此品类高消费区域的市场。

介绍中还提及：目前伊利已经利用“浑天仪”建立了覆盖全国三百多个城市、几十类业态、五百多万个网点的伊利集团精准门店管理系统。通过 AI、AR 图像自动识别和上传，实现自动化实时管理和改善店内铺货。除此之外，交易人群大数据的钻取，实时分析人群特征，店内促销、新品投放、分销深化、用户（会员）深耕等功能可以完成空白网点铺设，将低潜力门店转向高潜力门店，打造全新智慧门店，实现城市精耕。

我曾经给伊利的全国渠道部门及各区域销售老总们讲过课。粗略知道伊利全国还主要是分销协作模式，即伊利主要还是经销商在进行终端管控，企业协助。这套“浑天仪”系统，能够对终端全方位全面实施管控，算是重大进步。

但是，真正的未来的消费品业渠道数字化，是从管控到经营的。也就是说，除了信息了解，并且进行决策，更要能实现将计划、订单、仓储、促销、营销、活动等集成在一套系统里实施。包括终端的智能化销售改善、渠道中间商甚至终端的部门化管理，都是可能在未来得到实现的。

所以，未来的消费品企业销售板块的数字化，应是能够在让销售板块的执行、业务管理人员能够收集数据的同时，还能够直接做到全面工作应用的。

数字化与消费者沟通

“数字伊利”的介绍中提到，一线的数据，进入后台后，伊利是可以依据数据进行分析，不但了解消费者，还能基于消费者信息，进行产品研发等。

真正的消费者信息的运用，是需要有非常强的消费者导向意识、以及非常强大的“管理 +IT”的积累，甚至可能还是需要自己的员工真正参与到数据系统的开发中去的。如在消费者到达路径、沟通方式、互动体系、场景规划、数据标签设计、内部运作流程与制度、外部合作流程与内容等方面，都需要进行深入的研究，并且能够将这些应用通过非常简洁的操作端呈现出来。同时，对输出的内容、图表，能够进行统筹规划。

云计算、人工智能的切入

从上面分析看来，“伊利数字”总体上来看，确实做出了自己的特色，也可以说很成功。

如能更好结合未来，实现到 2.0、3.0 版，应是能为中国不少中小消费品企业的数字化提供模板支持，甚至也能给消费品业的巨头们，以良好借鉴与启示。

数字化经营管理，对于消费品企业来讲，是一个非常庞大而又非常有价值的系统工程。为了能够走好第一步，少走些弯路，多做些数字化升级的探索与准备，是非常必要的。

蒙牛为什么说 B2B 新零售，而不是 B2B 或新零售

看到一篇报道，是关于蒙牛某高管在一场论坛讲蒙牛的渠道创新的。很有意思的是，其中提到一个重要观点——B2B 新零售是蒙牛的渠道创新的一条重要路径。

我们都知道，市场上讲得比较多的，要么是 B2B，要么是新零售，但这位高管却在这么重要会议上，将 B2B 新零售融合在一起讲。我们不能说这种说法是错的。但结合现状，这中间倒还是真有点东西可挖。

蒙牛的 B2B 新零售

上述报道称，“蒙牛是较早与阿里零售通合作的全国性品牌商……在 B2B 新零售上，蒙牛率先发力。”

“2018 年蒙牛与零售通和惠下单合作更加深入，开展了世界杯营销、线上平台订货会、系统定制等活动。……”

看吧，蒙牛就是将 B2B 新零售很自然地结合到了一起。

并且，开展的合作，相对重点的也都是集中在营销、活动、定制等方面。

为什么企业会将 B2B 新零售糅在一起说

这应该不是企业不懂，而是现实可能真有点让人无法分得清清楚楚。

B2B，在消费品业，主要是指一些中间商，通过建立移动互联订货平台，集中一些品牌商的产品，拜访、下订单、送货服务到终端售点。由于他们在移动互联时代发生，并且不少还融资到了风险投资，在全国或部分

区域进行大规模复制，从而实现弯道超车，成就新一代的中间商，或者说独立的中间服务组织。

新零售，则是2016年10月马云提出的“未来五新”中，阿里实施得最早也最有传播影响的一个板块。其“定义”是：即企业以互联网为依托，通过运用大数据、人工智能等先进技术手段，对商品的生产、流通与销售过程进行升级改造，进而重塑业态结构与生态圈，并对线上服务、线下体验以及现代物流进行深度融合的零售新模式。

从这个定义来看，新零售，需要互联网，需要大数据，需要人工智能，需要线上服务线下体验与现代物流深度融合，才能成为的一种零售的新模式。

而蒙牛将两者放在一起说，是否就是因为这两个概念在现实中，本来就不是那么清晰；或者说这两者，在企业的创新变革实践中，也不是那么地有明确路径可循，以致两者在蒙牛这种消费品巨头企业中，都是不太可能真正能改变到其渠道结构格局，只是一种怕落后的参与，以及尝试呢？

B2B、新零售对消费品业的参与意义

短时间内，是不太可能出现像深度分销、分销协作、通路精耕、101、CSS等（这些系统虽然名称不同，但内涵基本都是深度分销系统）一样能如此影响到中国乃至全球快消企业。

诚然，也难有像B2B、新零售一样让消费品企业迷惑的商业模式了！现在B2B，除开阿里和京东的零售通与新通路，其他的非BAT级别的消费品业B2B商如中商惠民、掌合天下等，都是前景未明，店商互联等已经倒下。而新零售，也就盒马鲜生在阿里的狂暴投入下仍顽强冲向未来。

我也作为投资人，看到了这几年来，移动互联给整个人类社会的经

济、商业等带来的冲击以及变化。但也看到，历史的车轮，不会只停留在流量红利下、商业变革榜。未来，应是工业制造、产业互联、数据、智能等共同发展的时代。移动互联，可能只是数字时代的序曲；移动互联，就是传统与数字经济中间的灰度期，混沌不明，机会多多。但其中属于商业创业的机会也就那么些！

所以，B2B、新零售对消费品业的参与意义，就像蒙牛一样，渠道变革是体系化的，B2B 新零售只是其现有体系的几分之一，B2B 新零售在说法上也可合到一起，基于移动互联的分销与零售，在销量上还只占到 1/60，其合作内容上，也多是一些尝试性的营销与活动，专职团队也是过程中开始划拨组建，数据对蒙牛发展的真正作用，也只能在过程中慢慢凸显……

消费品业 B2B、新零售，可能都不是你的正菜

这几年，快消企业总是焦虑，怕这赶不上，怕那搞不懂；怕这存量跌了，那增量又不知从哪来……移动互联确实创造了一些好的机会，但我们回头一看，绝大部分终究还是流量生意。流量红利没了，你也就没必要如此心焦了。现在看来，脚踏实地者的成功反而会更大更出彩。

消费品业 B2B，全国也就能出那么几个。消费品业新零售，不做零售的，没必要觉得自己没抓住什么。做零售又需要大量融资来变革成新零售的，还是省点心，立足线下，将线上系统或工具打造出来。至于消费品制造商、品牌商，还是老老实实地将价值创造这个环节来做好，做出最优质的产品，提供升级的市场服务来吧！

百事可乐与雀巢都行动了？

据报道，百事近期又开始在寻找并购的新产品，而雀巢公司，也在正式成立孵化器，探寻产品开发的更优路径了。

感觉这些快消巨头，在产品上，正在进行着与以前不同的努力。

快消企业，失去的几年

快消行业，这几年的风头，都给不适合自己的电商风云掩盖了。

B2B来了，不得不观望，看它到底能够颠覆自己到什么程度?

新零售来了，自己该如何跟它结合呢？结果发现，就是来“打劫”自己，想把自己变成其特供商，或者裸价加工商而已。

虽然，现在不断传来快消企业与B2B企业、与新零售企业合作的消息，但是，好像这些也就不是快消企业的主场，更像一些被动的应对。

难道，快消企业面对移动互联时代的自我升级，就没有多少机会了？

原来隔消费者其实不那么近

像上文提到的百事、雀巢公司，原来市场部，有个很重要的部门，这个部门还与世界几大调研公司保持几十年甚至百年的长期合作，这个部门的职责就是消费者调查研究。

可是，我们也知道宗庆后不用调研公司，而是自己到一线去跑，但他也做出了突出的成绩。2018年，他还是中国食品业的首富。

从前调研公司出调研报告，也都是先立项，然后花一两个月时间做拦访或电话调研，一个市场机会，在移动时代，可能早就失去了。

再一个，避免不了主观。

看上去，他们却还在鼓吹满足消费者需求。

但是，他们真的能了解消费者需求，进而能开发出满足消费者需求的产品吗?

未必。

原消费者满足，现消费者驱动型企业

未来一定是消费者驱动型快消企业，能够获得长足发展。

本来这是一个明摆着根本不需要来再明确的话题，但是，现实当中，却又实在是存在需要厘清的空间。虽然没有一个企业说，其做出来的产品，不是在满足消费者需求，但确实就像上面所说的，绝大部分企业上产品，要么在调研阶段主观，要么就是随大流跟风开发市场已成熟产品。并且在产品上市、活动策划、各种宣传等方面，其实多有主观的痕迹。

小米为什么开始能喊出“为发烧而生”的口号？那是因为消费者一开始就进入了其产品开发阶段，他们的意见是产品开发的重要意见与调整方向。所以，消费者想要什么，他们就最终开发与生产出什么样的产品。

网上购物，现在消费者为什么一开始就看评论，就是因为这些都是消费者自己的内容。商业最重要的因素就是信任，而这些，是消费者能够建立基本信任的东西。这种信任的力量，驱使潜在消费者实现购买。

为什么现在一些电商巨头力求实现电商网页的千人千面，就是因为消费者自己的购买行为所能形成的标签，能够通过算法，驱使电商平台生成消费者感兴趣的网页，从而实现消费者主权的逐步加强。

以上这些，都促进快消企业，实现消费者驱动来开发产品与开展营销。

快消巨头，开启新时代产品开发新篇章

百事也好，雀巢也罢，都在重新加强自己的产品线，要么并购要么设立研究院开发。其实，像这些国际快消巨头，原来都是有自己的产品开发、研发、收购体系的。为什么在现在，这开发产品还成立孵化器呢？

很明显，就是要更懂消费者呗！

这其实，也回应了我的一个观点：别看现在一些个性化、利基性、小众的、定制的产品好像在移动时代有更多的空间，其实，最终应是还得整合到大企业中。小而美的存在，也会进入到整体的行业体系中去。

要更懂消费者，在移动时代，最好的方式，就是消费者驱动式的开发、营销。而不只是口头喊喊，其实心态、行动上还是主观的。

可口可乐的蜕变新体系：I101

要说快消业有朋友知道可口可乐的101，这不奇怪。这是可口可乐太古系的所谓“深度分销”系统。

当时，中国可口可乐为狙击百事在终端市场扑面而来的攻势，而研发出了这套101系统。

据说，现在郑州太古可口可乐公司为与阿里进行合作，而特地推出所谓的I101系统，即互联网101系统。

这就有点意思了。

今时不同往日

据报道：“未来，双方将以技术为驱动，以大数据、信息化为工具，在渠道建设、售点扩展、精准营销、完善售点画像等方面展开全面合作，共同推动可口可乐在河南区域的市场建设，携手拓展市场增量”。

简单解读一下，就是要以大数据为工具，进行渠道、售点建设，精准营销，拓展增量。

了解或在可口可乐工作过的同人都知道，原来可口可乐在重点市场，都是自己人员进行101或CSS全覆盖的，全覆盖的第一件事就是画地图或者做电子地图，每天要汇报各终端数据与情况，我也曾在中国数据中心看到全国几百万的终端店的即时订单进入与运营情况。另外，可口可乐的22条渠道，行业耳熟能详，售点建设更是密不透风……这些，其实原来都在做，为什么现在跟阿里零售通要来做这类同的事情呢？

看来，情况确实是不同了。

一是可能环境变了，移动时代，不少外部环境被颠覆掉了。

二是要增量。而这些年来，除了上新品外，增量确实难以找到突破口。

原来可口可乐要的只是数据与增量

最近两年，快消企业开始慢慢理解与清醒过来了。与中间商合作，是没问题，也应积极。但是，合作的点，与原来的传统经销商是有差异了。

原来要的是区域合作的整体能力，如资金、配送、网络等。现在要的主要是数据与业绩增量。

也就是说，可乐这种大型快消巨头，其实还是保持着自己的核心以及以前的成果。新的与阿里等合作的这一块，多少看似有点学经验、学套路的味道。

至于将来是自己做，还是有更深的想法，还有待观望。

数据，是未来数据时代的基础库，一切经营管理决策，需要经营数据的支撑。

增量，在传统通路已经增量停滞的情况下，如何保持原有的业绩，还能探索到未来到底是零售通之类的道路，还是如何与现有的渠道将来的关系、结构、融通如何，这些，都还未成形。

所以，我们静心看，与追踪，可口可乐这些快消巨头，是敢于大胆创新的，但是，背后的理由，可能也要多方面多层次来看。

新快消，底层的，还是自己的产品与服务

继续回到 101，原来的 101，是纯粹的业务或者说销售行为。我们看

到，这次的合作，郑州太古可乐还有这样两个重要原因：

一是丰富完善客户画像。

二是通过与阿里零售通的合作能够补足郑州太古可口可乐在消费者行为和消费者画像方面的短板。

也就是说，一是从销售方面，触角到了消费者。这些以前可都是市场部门或调研部门专门干的事。二是了解消费者行为与画像。这其实，才是下一步棋的真正目的。

新快消企业，在渠道上，会有多大的变化

从这次可乐与阿里零售通的合作看来，中间商、跨界打劫者，过来发展，可乐等品牌商作支持、合作就可以。真正的他们这些新快消企业的未来，是更直接、真实、即时、完整地接触与了解消费者，并对他们进行画像，这些，就是整个企业改进与升级的方向，也是未来与竞争对手相比的核心竞争力。

或许，这样，一些新产品开发，就不会那么闭门造车了。

或许，这样，一些新的针对性产品，就能开发出来了。

或许，这样，未来的满足需求的结构化丰富性产品体系，打造得会更完善更贴切……

一言以蔽之，原来，新快消的未来，底层还是自己的产品与服务。

从精酿啤酒思考新啤酒业的发展

其实，这是因为移动互联的原因吗？

好像不是。并不是因为移动互联，大家的消费场景多了，也不是因为移动互联的互动多了，因为大家的消费机会多了或者喝酒的朋友广了。

其实，这是因为消费升级了吗?

好像也不是。国外本身就有精酿啤酒，并且开始主要是一些个人喜好，以及形成的小族群，而产生了精酿啤酒。他们就是自己喜欢，也没想去变成一个多大的生意。

精酿啤酒，在大规模啤酒工业之外

新快消，精酿啤酒难以从个人喜好，变成大生意，变成行业产品变革的一股力量。

个人喜好，首先，就不是产品在行业升级的逻辑。没有太大的赚钱欲望，只是满足亲朋好友、喜好者的一些喝好酒的需求，是难以有企业发展的促进力的。

即使众筹，那也是存在如上问题。我们已经知道，近几年的众筹，如清华的各种总裁、大佬的众筹，现在都不算成功。

其实，从精酿啤酒的本质看来，就可肯定它不可能是工业化的未来。也不可能是信息时代的未来。马化腾提出下一阶段是产业互联网时代，精酿啤酒只是小作坊式，自己弄套价格或几千上万，或稍高档一些的设备，自己搞定，也谈不上跟产业互联网扯上多大关系。

精酿啤酒，利基市场分一小杯羹

啤酒是快速消费品，满足人们的基本生理需求，部分的情感需求，些许的社会需求。而精酿啤酒，则虽然还是消费品，但可能已经到了快速消费品门外。其满足的更是个性需求，加些许文化需求。这些，都与普通啤酒已经是分叉在发展了。

作为小众的利基市场，精酿啤酒，可以为周边的消费者提供一定的消费，但是，由于并没有太大的消费趋势，无论是消费升级、还是移动互联，还是产业互联，还是信息化，还是AI人工智能，还是90后00后的消费理念差异，所以，精酿啤酒，最终可能会稳定在一定比较低产值的行业状态。

另外，精酿啤酒，如要满足上面所说的个性、文化需求，同样，还需要场景。能否能够全面占领各种酒馆，进行整体的酒馆的产品升级，也可作为精酿啤酒能够旺盛发展的参照。

再啤酒行业的发展脉搏，可能还是大品牌大发展模式

当然，会有一些支流、新兴的模式出现，如精酿啤酒、小众啤酒等的出现，但是，我们要知道，小而散不是传统时代的产物，即使移动互联时代冲击了很多传统模式，但是，仍不是主流，要不然，原来的不少酒店里的现酿设备生产出来的啤酒，发展这么多年，就早已冲击到传统生产线啤酒企业了。

而扎啤即鲜啤，原来各种大型啤酒企业，也多有生产，也只是一些补充。

不少人在移动互联网来临之时，甚至包括现在，都在期待个性化、碎片化、精准性、定制等的到来。我个人认为，这可能都只是灰度时代的表象，真的到行业成熟之时，还应是标准化、工业性、大规模作主流。即使有个性化的产品会越来越丰富，也可能会被大工业时代的巨头们兼并合作掉，即使不能进行规模化生产，也会通过区域性复制等方式来节约生成、运营、营销、服务等成本。

中国新啤酒的行业发展，还是消费者资产主导的数据型企业模式

啤酒业、饮料酒、乳品业等，这些完全竞争的行业，营销、销售非常接地气，产品也是日常消费品，很难一下子被颠覆掉的。

倒是这么多消费者，原来多是做些促销活动，然后吸引大家来消费。

以及用至少浪费掉一半广告费还不知道在哪浪费掉的广告，来吸引大家关注。

而如何利用移动互联，来留存与互动消费者，让消费者成为企业经营发展最重要的资产，这是新啤酒企业最重要的关注点。

当然，啤酒企业也应关注新啤酒类别的发展，无论是自我进行创新，还是并购，作为产品线的丰富，也是值得好好推进的。

第八章

新快消　新白酒

五粮液提出的结构性机遇是什么

几大白酒头部企业，近来变革频频。

并且均欲达到千亿元的销售目标，这让他们跃跃欲试，这对他们来说，可都是一千个“小目标”！

一千个小目标，自然不是小打小闹，或者按部就班就能达成。如何变革，需要有背后的正确的理念作指引。

五粮液甘当先锋，其中有一条，即面临结构性机遇。这种结构性机遇，使自己像茅台李保芳董事长所说的“跳起来摘桃子”一样，冲击千亿，成为可能。

那么，什么是结构性机遇呢?

在一场营销峰会现场想到的

有一场全国知名的营销峰会。会议宣传上，已然是SEO、流量转化、数据之类词语；到现场门口一看，也是各种SEO、吸粉、交换流量等的展台；进去一看，也是各种小创业者在讲，一溜小自由职业者、小创业者一脸崇拜加一脸茫然地听。是的，我们看到的，确实基本是一些小个体户们、自由职业者在参会。

或许，这就是非结构性解决的一种现实表达：用一两个经营、营销、销售技巧，解决一两个点的问题，实现短暂的、机会性的、可能的销量。

真正的结构性机遇，或许，只是给部分特别的企业或人准备的：大的、结构性的、组织化的、系统性的，解决根本的经营、管理、业绩问题。

白酒业的结构性机遇

应该说，过去十年或更长时间，白酒也是营销制胜的传统行业。

一些企业借助一个点，如盘中盘、关系营销、权贵营销、团购、品鉴会等，就获得了较好的业绩。借助政策红利、行业机遇、非行业本身的理性需求等，取得了长达十年的发展空间。

即使2012年年初的塑化剂事件，也未能挡住行业发展的洪流，即使随后几年，行业出现整体萎缩，这几年也出现部分恢复性反弹。

可是，白酒业还能像过去一样，通过一些新的营销手段，来实现又一轮的大好时光吗?

五粮液好像没这么想，除开产品战略、数字化战略等，还提到了结构性机遇。

也就是说，是一些关联、多因素（非点状的、术方面的、单因素的、孤立的原因）对行业发展造成的影响。这些影响，给了头部企业一些机会。

那么，可能是哪些综合因素，形成的结构性机遇呢?

消费结构

新生代90后的各种生活消费习惯以及白酒消费，已然与60后、70后甚至部分80后的不同（虽然不少人认为90后到了一定年龄后，自然与60后、70后他们的相应年龄时的白酒消费习惯趋同了，但这方面好像暂时谁也没说服谁）。于是，低度、年轻化，成了白酒头部企业的下一步重点工作。

这种消费群体带来的产品和消费结构的可能变化，也算是给了白酒业一个课题。虽然，这个课题，除对此观点还有不少争议外，真正能做年轻化、低度化的白酒企业并不多，或许行业龙头企业们，举起了这面大旗，他们觉得自己应该抓住这种变化，来实施低度化、年轻化。

或许，这就是这种消费结构变化，将要带来的行业产品结构的变化，这在白酒业多少年一直沉迷于文化、尊贵、经典、厚重的格调里，确实有了不一样的着色。

市场结构

很明显，在中国，原来就是非常明显的城乡二元结构。本身就使中国的消费市场，有着明显的中国特色，城市市场差别很大，运作也要有所不同。曾经的全球消费品业某巨头企业，其中国区总裁十年中国操盘，最终的总结只有一个：中国的城市市场差别太大了！

现在，移动互联网的出现，又是线上、线下的天壤之别。仅仅阿里、京东、拼多多三个电商企业，就将中国的商业搞得个天翻地覆，不少企业都说电商搞得自己活不下去！

而线上的发展还没几年，红利就过去了。一些企业路数还没成熟，经验还没总结到，甚至还没真正进入此线上市场，就要进入产业互联网、数字时代、智能时代、量子时代了。即使一些中小企业想再进入，但是，成本已经很高了。

这么多想要在此复杂而严峻的市场上再分一杯羹的中小企业，需要付出的不再是费用成本，还有时间成本，以及还要应对各种产出不能立马呈现的现实。这样，仍有更多机会留在了头部及有准备的企业面前。

线上与线下、一线至五线和六线市场、C 端市场与 B 端市场等，同时在当下产生作用、形成影响，这么复杂的市场，其任何变化与发展，都会对行业发展，产生一定的影响。这种影响，就需要企业在作好心理准备的同时，进行各种经营管理准备，顺势而为，取得有利于自己发展的空间。

渠道结构

白酒业的渠道结构，基于历史特点，还不会出现颠覆性变化。白酒需要保真，成了线下可持续发展的重要杀器。

但是，确实白酒业商业发展还是蛮努力的。酒仙网、1919 等，不断攻城略地，二者也逐渐取得了市场、资本的青睐，发展也逐步走稳。

微信朋友圈、微信群也是不少酒企的阵地。

而社群电商也是在酒业找到了几个落地的样本。

……

总体来看，白酒作为消费品，虽没有饮料牛奶等一样的随处可见的渠道布局要求，但是，白酒业企业、商业、品牌商、制造商、加工商、贴牌商、国企、民企、个体户、外行进入者多多，渠道至少未来十年，还是一个不会明显达到平衡稳定的体系。

所以，如何新旧整合，重构白酒企业的渠道体系，这成了白酒企业未来十年的不可忽视的工作。

茅台酒，作为白酒业龙头，近期也频频传出渠道结构调整的声音。首先就是对电商板块的人员进行调整，年末经销商大会，又传出要加大直营、裁减掉不合格经销商的消息。未来会有什么变化？相信仍是行业关心的话题。

当然，如上是结构分析。结构性机遇还有下面这些

五粮液董事长李曙光在 2018 年经销商大会上讲到，当前，白酒行业面临五大结构性机遇：白酒产业整合；市场向名优品牌集中；优质产能替换落后产能；厂家从提供商品向提供服务和体验转变；厂家从资源型向能力型转变。

产业整合，摧枯拉朽的现象肯定存在。有准备的企业，可从中获得行业整合带来的利益。

……

厂家从提供商品向提供服务和体验转变，这必须要转变思路，思路决定出路，没转变思路的中小企业，则被逐渐淹没。

资源型向能力型转变，这也是白酒业的一个重大的契机，也是中小企业难以企及的。

如上这几个结构性机遇，很明显，是一些企业的危，也是另一些企业的机。但是，肯定更多机会留给有准备、有资源、有能力的企业，留给愿意去拥抱这些变化与机遇的企业。

这些都不是小技巧、小计划去实现的

要给白酒业一个新气象、新未来。就是一个长期的、未来的、系统性的变革战略。我们也看到了几大白酒龙头企业，不断的对外走出去合作与探讨，对内不断地寻求自有解决之道，积极地去拥抱变化与实现变革。

这不但给白酒行业一些指引，也给了现在一些小技巧式的营销策划策略以匡正：新白酒业，从这些方向发力，定有好未来。

同时，我们还要能认识到，既然是结构性机遇，那可能也就不再如风口般闪逝。也有可能一些非龙头企业，早做准备，说不定，也是一个弯道超车的机会！

五粮液为什么提出四化战略

据报道，五粮液董事长李曙光曾表示，五粮液将立足工作实际，抓好

改革发展。

并提出：从低度化、年轻化、数字化、国际化等几个方面，推进转型升级工作，形成新的战略优势。

2018 年 3 月，李曙光在全国两会期间再次强调了“四化”方向的供给侧机构新改革。

针对低度化白酒，李曙光表示，历经数十年的专注研发和技术攻关，五粮液低度白酒技术日臻完善，有力推动了中国低度白酒的持续健康发展。

对于年轻化，五粮液已将新生代酒品的发展纳入集团整体发展战略，这是“白酒产业供给侧结构性改革的引领性工作”。

对于数字化，五粮液要开创中国白酒全新发展模式，基于“五粮 E 店”线上线下一体化新零售终端与 IBM 的战略合作等，力争将五粮液打造成数字化转型的标杆企业。

后续，其又提到：五粮液的数字化转型不是简单的信息化建设，而是制度的再造、模式的创新，是一次对传统的革命。

看来，这低度化、年轻化、数字化、国际化与原来行业一贯的“大气、张扬、高贵、经典”比起来，确实给人以行业清新之感！

别看白酒业传统，但掌门人所说的这些，细细想来，还是能给白酒业、快消业以振聋发聩之力。

白酒业，现在还是营销主导

白酒业，几千年的传统行业，酿造与产品本身，基本上并无太大变化，可以说，基本是依靠各种营销手段，在促进企业的业绩实现与增长。

如某某白酒又提价了，某某白酒又要提价了。

如渠道商又整肃了。一些经销商突然被砍掉了。

如门店又出什么政策了?

如电商又各有了哪些动作。如某些头部企业要求经销商得有多少产品比例要在电商商城上卖。

如又赞助了哪个节目。

如市场部基本就是包装部、瓶子部。新的包装设计又出现了。

如销售组织建设又在哪些方面改了。

如某企业又实施了个升级版的盘中盘。(渠道盘中盘消亡后，又出个消费者盘中盘。消费者盘中盘不中用了后，又出来了电商盘中盘、粉丝盘中盘等)

……

这些，占据了各个行业媒体的头条，好像也不断左右了行业一些思想与动向。

而我们知道，一个行业要真正发展，思维的突破、思想的跃迁，才是行业性的、革命性的、跨越性的。

低度化战略

李曙光虽进入企业操盘不久，也从未在白酒企业待过，但其根本就不是门外汉。他说的未来战略四化，首先说的就是产品低度化。这看来，还比行业不少同人清醒不少。

五粮液要推动低度白酒的持续健康发展。

据中国酒业协会副理事长、秘书长宋书玉介绍，目前中国 50 度以下的降度白酒和低度白酒已占白酒消费市场的 90% 以上，42 度以下的低度白酒占白酒消费量的 50% 左右，市场正在推动低度白酒快速发展。

所以，低度白酒的开发，成了符合行业发展的正途。

可是，谁都知道，这并不好弄，这也不好开头，这更不好自己做出头鸟去引领去突破。江小白的新白酒开创，现在仍是一直两种意见不同，有部分支持的，也有相当部分不看好的，最终到底是何结果，现在也并不清晰、可判断。

五粮液新掌门人站了出来，掌起了这面大旗。行业头部企业作为意见领袖，他们的意见，将可能促进整个行业的大胆创新，以及对未来的更多积极的变革。

不过，我们倒是要说，低度化应只是一种产品丰富、行业发展分层分级的丰盈性手段，并不是一刀切的只做低度。

低度白酒，自有其发展的无限广阔天地。

数字化战略

信息化时代也好，产业互联网时代也罢，智能时代、AI 时代……，都是不准确的对未来的描述。

但数字时代，却一定是。

为什么？因为计算机就是 0 与 1 的内在。而现在我们除开睡觉，基本都在计算机、电脑、手机、APP 上工作与生活。

五粮液提出的数字化，确实是对过去几千年的传统，大胆提出了自己的主张：

（1）是制度的再造。

（2）是模式的创新。

（3）是一次对传统的革命。

所以，2018 年 6 月 22 日，中国酒业大数据中心在五粮液集团揭牌，“标志中国酒业大数据全产业链服务平台和中国的酒业创新中心正式投入运行”。

从这里看，针对酒业未来的前瞻式创新，是从数字化开始！五粮液，要以数字化来推动自己的转型升级，以及行业企业的转型升级。

也就是说，数据将是五粮液公司的底层，他们也认为，数据是创新的关键和全产业链得以实现的标志，并且，数据是行业深化市场与服务的基础!

这些，不得不说，有了行业龙头的风范、责任感和影响力。

年轻化战略

几千年的传统白酒业，不知道以前的几千年里，有没有企业、制造商、作坊提出过年轻化？但至少在当下来说，白酒年轻化，是有了特别的时代背景下的意义。

因为 90 后、00 后，还有所谓的 Z 世代（95 后，Z 世代已经成为全球人口最多的群体，人数达 19 亿人，占全球人口的 25%），真的跟我们太不同了。他们是物质生活已经得到基本满足的全新一代。

据报道，五粮液要做的最主要的两件事：一是开发“新生代酒品”；二是做好“白酒产品升级的引领性工作”。

有行业同人说：对于中国传统白酒行业来说，解决创新与年轻化问题迫在眉睫。“白酒的辛辣感注定让大部分年轻人在口感上难以接受，复古、华贵甚至可以说是‘油腻’的包装设计更是跟年轻人的喜好沾不上边，在 50 后、60 后、70 后吃得很开的中国传统白酒，在 80 后、90 后、00 后身上有点束手无策，白酒企业们也试过给自己产品取个年轻的名字，换个新点的包装，可始终不见什么显著的成效。”

也就是说，年轻化并不是改个显得年轻一点的包装，取个年轻点的品牌名，说一些俏皮话，就实现了年轻化。年轻化跟口味、消费理念、消费行为、消费习惯、消费场景等有关，且跟一些固化的认知以及潜在的认知有关。这些都需要白酒企业进行深入洞察与研究，才能实现年轻化的真正跨越。

国际化战略

五粮液的国际化战略，体现了行业龙头企业的格局、胸怀与气质。

当然，白酒业作为最传统的行业，可能国际化相对来说，有更多的消费习惯不同，但是，我们始终要相信：民族的，一定更是国际的。

同时，都说白酒是情感、情绪、文化用品。情感、情绪，只要是人类，基本都是相通的。而文化，也是无国界的。

希望五粮液的国际化，能走得更好更远。

四化战略，体现了一定的前瞻性与开放性

数字时代的到来，谁也不可规避掉趋势、避免掉风险。

白酒业从大单品、开专卖店、提价、打文化牌、贴牌发展的多子多福等，到提出低度化、年轻化、数字化、国际化的“四化”战略，这中间走过的，可不只是概念的转换，而是真正的自我思维颠覆与行业思维革新。

数字化来推动转型升级，作为中国酒业创新的基点，这些都将可能开启酒业未来升级新篇章。

四化人才与机制

在这个灰度时期，不只是酒业缺人才，其实整个经济社会，都严重缺乏新旧结合发展的人才。

曾经有酒业人士写过一篇《白酒业没有真正的职业经理人》，旨在促进行业对人才的重视与培育。

好在移动互联的这几年，机会均等，无论企业大小、行业先进与否在新经济下，一些白酒企业通过大胆“下海游泳”，有了一些更多的人才历

练与成长机会。

除开人才之外，是否在“四化”战略下，能形成真正有效的运行机制，反过来支撑这些战略的落地，也是领头军们需要着重考虑的。都说移动时代、数字时代，运营可能是最终落地成功或取胜的不同于以往的重要环节。

业绩最终在营销通道实现，现在的新营销方式，只是将营销通道拓宽了，这一摊子于营销之前的战略、规划、策略、资源、能力、人才等方面的匹配，如果能够在酒业巨头的决心与努力下，得以实现，甚至能够给行业指引或者复制，将会出现酒业又一个十年黄金期，甚至会出现五十年黄金期。

毕竟，越传统，越久远。

浅谈泸州老窖的营销战略升级

近日，腾讯与泸州老窖战略合作发布会举行，泸州老窖成为首家与腾讯智慧零售合作的白酒企业。双方将在数字化营销、数据资产运营等方面展开深度合作，打通数字化营销全场景。

据了解，早在一年前，泸州老窖便开始与腾讯一起探讨白酒零售数字化转型方案。经过近一年时间的方向探讨、技术调研、方案设计，双方最终达成战略合作，着力打造数字化营销解决方案。

看着白酒业的商业变革如火如荼，而厂家、品牌商跃跃欲试，却并没多少找到出路的，我很是着急。

又看着近几个月来几大白酒品牌不断地推陈出新，进行着一些因应发展变化的战略思考，也越来越感觉有看头。

不同于热闹的新零售，战略升级在产品与数字化

在白酒业，要的不只是新营销，更应该是新白酒。

新白酒不只是像江小白一样的自我利基市场突破，更是整个白酒业，借移动互联、数字化的未来，实现整个行业的升级。

这次泸州老窖将以用户体验为切入点，在场景、运营、数据、技术等方面结合腾讯智慧工具，精准营销，实现“找到消费者—认识消费者—触达消费者”的数字化通路。

一切营销从消费者出发。一切营销通过数字化，实现从消费者出发。

这就是这次合作的目的。

白酒业以前的发展，靠的就是产品的情感、文化属性

酒品的情感、文化属性，与一般的产品讲求功能、口味等不同，是消费者需求的高级层次。因而，加上行业十年黄金期的外部机遇，过去十年，酒业实现了销量、利润齐增长。

白酒作为思想交流的载体，不但体现了我们对白酒这种饮料的喜爱，更体现了白酒在社交中的重要性，特别是现在一些白酒文化更是深深地表达着消费者的情感诉求。众多白酒企业以感恩、友情、怀旧、喜庆等文化为宣传理念。

有同人还认为，酒文化才能更好地彰显白酒的核心价值。这主要有三个方面的原因。

其一，白酒本身具有丰富的文化内涵。白酒本身就是一味传统的中药，它经过数千年的绵延发展，更赋予了中国白酒独特的文化属性。

其二，中国白酒具有精神和物质的双重属性。无论社会怎么发展，酒与中国消费者依然会保持着非常紧密的联系。

第三，酒文化的打造是中国白酒厚积薄发的长效基因。

以至我们看到，到处是或金碧辉煌、或大气张扬的各种帝王的稚气的宣传与表达，或者是窖池的久远、古诗的衬托等。

产品的升级仍是行业主题

那么多制造厂家、贴牌商，如何在权贵消费逝去后，还能在产品上适应移动时代的群体、消费习惯、场景等，是白酒业产品升级的课题。

这次泸州老窖与腾讯的合作，从企业经营的终极点：消费者沟通出发，打造数字化通路，是企业经营管理升级的入口。

小米为什么成功，就是从消费者用户入门，建立了数字化通路，从而完全成就了自己的产品，满足了粉丝们的真正需求，实现了首先的触达消费者的精准营销、精准经营状态。酒企也只有这样，才能找到企业升级发展的可能性。

个人观点，酒企产品升级至少应从以下方面着手。

一是产品更精准；

二是包装更丰富；

三是场景更贴切；

四是情感更交融；

五是口感更多元；

六是文化更彰显。

以上这些方面，其实都可借用移动时代的互联网、数据化，得到改善。

白酒行业近年的年轻化、低度化，可以说还是没有找到自己的道路，这基于年轻的目标消费者与传统的白酒如何有效对接的问题，大部分酒企还没有解决好。只有通过数字化，去大量收集消费者数据，才能找准消费者，从而认识消费者，进而最终触达消费者。当我们看到白酒业有更多的企业能够找到年轻化、低度化的道路后，这或许就是行业成长升级的标志。

虽然，白酒还是传统、中老年、中高度为主流，但我们还是需要看到一个消费层级更丰满的白酒业未来。

数字化产品、渠道、管理、促销……

泸州老窖还将依托腾讯“数据 + 内容 + 运营”的优势，建设三位一体的智慧零售体系，加强面向消费者的运营能力，构建面向消费者的组织架构，使白酒行业变得时尚化、个性化、多元化、年轻化。

原来的白酒业团购、关系营销，靠的是关系网络。

移动时代、数字时代，关系网络更升级了。

网状的关系，六度人脉、数据库营销，更使泸州老窖的运营如鱼得水。个人认为，这主要表现在以下方面。

一是消费者画像更清晰；

二是数据库营销更精准；

三是营销活动更丰富多彩；

四是客情关系更易互动。

……

当下，正是白酒业升级的黄金时代。

泸州老窖全面面向消费者，建设能力，构建组织，打通渠道，理清运营，强攻内容，有了比较普遍的酒业上阿里、上京东，到行业垂直电商平台上进行简单的网络销售，有了更具行业领导风范的尝试、引领、开拓、创新意义。

茅台、五粮液新战略，现都与数字相关

五粮液、泸州老窖都提出了数字化战略。

茅台则直接入股云上贵州，切入大数据市场。2018 年 3 月 31 号，正值茅台集团启动“智慧茅台”规划和建设之际，百余名来自全国各地的企业 CIO 同赴茅台，参加“探营数字化创新·贵州茅台”中国企业数字化转型活动，共同探讨当今中国企业数字化转型之路。2018 年 5 月 29 日，茅台集团建设的“数智茅台”可视化系统首次亮相数博会，成为了众人关注的焦点。

从现实来看，酒企的数字化举措并不是跟风口，而是基于行业的实际与未来的结合。

还包括汾酒，也是在锐意创新，进行数字化的探索。

可是倒回几年，我们看到的更多是招商、开店、经销政策、渠道管理、价格变动、团购、品鉴、关系营销等。或许，移动互联发展这几年，白酒业也已觉醒，正在向着更美好光明的未来前进了！

从 1919 看酒业创新发展

跟 1919 老大杨陵江一聊，在酒业浸淫多年的我，发现他在酒业的经营、管理、发展等方面，都有一些让人耳目一新的思路与想法。

酒业商业发展，相对企业而言禁锢少

为什么开始将这句话写下，只是想表达，在移动互联时代，首先改变的是商业，所谓“商业模式”的风口，难道与酒业有关？

当然不是。但是，从酒仙网、1919、中酒网等酒业电商来看，他们确

实给整个酒业以特大的思维震荡与冲击，也是酒业内近年比较聚眼球的酒商。这些，并不是他们做广告做出来的，而是他们这些新经济下新型商业对整个行业、制造商、品牌商、渠道、消费者等都产生了不同于以往的影响。

从多年的酒业的运作与表现来看，在这几家酒业电商出名之前，多是权贵消费、团购、提价、假酒、大商、门店、品鉴会、盘中盘、年度经销商大会等等，充斥着我们的行业信息版面。以及总看到“传统”二字。是的，行业是非常传统。也正是因为传统的行业，所以，创新并不是那么容易，每一个创新行动都可能会触动原来的结构以及相关者，包括利益。

从 1919 看酒业的组织结构调整

首先来看 1919 组织结构的变化。1919 近期将整个业务分成六大模块，由六个独立的专业公司运营，包括供应链、商业、大数据与营销等独立的专业公司。

虽然 1919 从电商起家，但从这六大板块的组织布局来看，这次组织结构调整确实是一种思路比较清晰、格局比较前瞻的做法。

我们为沱牌舍得服务过一段时间。回头来看，现在的业绩进步，就与当时组织机构的突破密切相关。因为有了这种组织机构的突破，才实现了企业发展的突破。从原来的百来号销售人员，到两三年内销售人员成十倍地增长，以及现在的更加开放性，使即使在原来的企业框框里，但有了新的组织活力、组织能力、组织对合作成员的影响力与号召力，从而踏上了发展的快车。

相对于酒业制造商、品牌商而言，酒企面对现在的移动互联时代和未来的数字时代，自己的组织是否需要做些调整或未来布局，这是必须要思考的。

从 1919 看酒业供应链

几年前，在酒业供应链还是一个较陌生的词。但现在酒类商业的供应链已经在为酒业以外的多个行业进行服务了。

很多人都认为酒业供应链这个名词很新鲜。其实，我们要说，原来制造商、品牌商的渠道体系，难道就不是供应链吗?

如果您认同，就可从这个角度出发，进行供应链升级。

当然，这也给制造商、品牌商提出了更高的要求。原来的年度代理返利制、首款发货制甚至无合同的贸易制，这些松散的、风险与利润同时交付的合作模式，现在实现起来还是很难的。

通过移动互联的方式（还包括方法和工具），对合作伙伴进行更加紧密、体系化、远程可控的，甚至部门化的合作，就可逐步向现在流行的供应链的供应、物流、服务、活动等看齐，实现能对目标市场、消费者的更“多快好省”的服务。

从 1919 看酒业未来的开放性

不知道 1919 创业多辛苦，但总体感觉 1919 还是有开放精神，应该也是得到了合作者的支持。无论是行业上，与百度的合作，与阿里最终如此之大的合作与投资，以及甚至是其黑马的同学的资金支持，以及其据说几个亿的持续对信息系统打造的开放与前瞻，这些是个行业新气象。

酒业现在都说全国化，即使自己不主张，但移动互联本身确实就有这个基础。其实，我个人觉得，除开国家限制，酒业的区域发展本身就应没有什么边界，又没有什么明显的保质期，运输也挺方便，也是日常消费品。但是酒企多处于山水之边，小镇之上，客观上需要做更多的对接。

但是，无论是资本方，还是各种合作方，还是新经济的各种组织，其实都是比较热烈拥抱酒业的。敞开胸怀，走出来，去拥抱各种关联，酒业就会有更广阔的发展空间。

从1919看酒业真正的创新基点

近日1919透露出的一个信息，笔者认为值得酒业制造商、品牌商思考。这就是1919的六大板块中，没想到基于数据的业务得到最快速增长，当然，这方面的赢利，也相对不错。

除近期茅台、五粮液、泸州老窖、汾酒纷纷“下水”，将数据或大数据方面的合作，当作自己的战略、策略、重点或升级方式等。有的企业甚至在人大、政协如此高规格的会议上向记者透露表达，有的则入股数据公司，有的与腾讯之类的头部新经济企业深度合作。

笔者个人认为，酒业在谋求未来发展的过程中，必须高度重视数据开发。

特别针对酒业的制造商、品牌商而言，在消费者、产品方面，更是不得不现在就开始下手尝试数据应用。

数据未来是一个企业经营管理的底层。特别是白酒业，受众与消费场景虽不如饮料牛奶一样广与普遍，但我们原来就知道白酒业的数据库营销、关系营销，现在基于移动互联后，可更容易贴标签，更好留存消费特性、场景，更加易于通过数据链接与搭建各种关系。

白酒现在有企业在提低度化、年轻化、数字化，他们将数据当作与消费者认识与触达的点，将数据当作创新的原点，将产品开发的消费者认知与参与当作必备工作，都使我们酒业制造商、品牌商在对产品升级与开发、消费者触达亲近上，要确定一条数据形式的路径。

另外，白酒业的互联网营销需要数据。我们看到金东集团的一坛好酒，基本就是利用以前的消费者优势，靠移动互联网打造出来的新产品。

同时，白酒除广告，其实，体验与推荐非常重要，只要不是假酒，在网上结合数据后面的标签，进行产品推介与阐释，甚至是推送，都是现在已经在别的行业的一些几近成熟路数。

总之，酒业加油！

为什么沱牌舍得会有大幅增长

沱牌舍得借增长趋势再发力，力图将“沱牌曲酒”十七大名酒之一的金字招牌再发扬光大；我们经过分析，探寻沱牌舍得的增长发展因子，或许有了更多的行业研究意义：或许，这可能就是白酒行业的增长复苏之路？

白酒业很难有不好的产品

白酒业是传统产业，几千年的历史已使酿造技术相当成熟，除开不良厂家蓄意捣乱或利欲熏心，只要自然条件优越，要酿出好酒并不难。你看白酒厂家多居山清水秀之地，多具备天然优良酿酒条件。

从消费需求层面来看，无论是酒精的功能性、情感的承载力、文化的融合度、社会层面上的荣耀感满足度，等等，白酒也都能较好满足人类的各种需求。所以，白酒从纯粹的产品上升为满足消费者多层面需求的商品，也是具有很好的条件的。

当然，白酒作为消费品，还基本没有保质期，不会出现其他消费品临期或过期需要处理的问题，渠道商及消费者都可以囤货和收藏并且升值；品牌白酒作为中华文化的一个载体，能够引起大家消费的共鸣，而区域性白酒还能积聚与激发乡情、友情，等等。白酒作为商品的一些优势，引发中国几万家白酒企业的产生，以及不少跨界人士也纷纷来经营酒业。所以，在某些知名酒厂里，时不时能碰到一些跨界来做白酒经销的！

有了产品，为什么不少酒企卖不好

正是由于酒业是传统产业，香型各异，产品繁多，所以，消费者讲究喝“牌子”。而牌子就是口感、诚信度、口碑的集中体现。围绕这些集中体现，使白酒行业出现一些行业性问题。

一是头部效应。只喝几种品牌产品，造成行业必谈原来的茅台、五粮液、剑南春，现在的茅台、五粮液、洋河。为了挤入这些品牌的牌子效应，各种贴牌层出不穷。而这，明显是透支了消费者的信任。

二是酒业没有真正做到市场。由于代理制、贴牌、经销制，现实中还存在不少的贸易型关系。这种关系，使企业的销售基本只做到渠道的前面一小截，而代理经销商承担了渠道运作的功能，使企业与消费者的互动与情感关系，停留在非常浅显的状态。这样，使企业要增长、要发展，主观上受到运作的限制。

三是牌子多而杂，企业发展战略模糊。有的企业甚至有近千个注册商标；有的企业有几百个贴牌商；有的企业有从十元到两千多元价格段的产品，甚至部分产品超万元；有的企业有上千种瓶形；有的企业有上百上千种酒盒子。这些，都使企业的精力分散、能力难以培养。

其实问题还有一些，先简单例举这么多。而各种白酒业的所谓行业适应性的营销模式，其实，不少是自我封闭与区隔的结果。

沱牌的早荣近衰再崛起反映了行业的主要问题

其实，上面这些问题，在沱牌舍得曾经都有一定的体现。

一是沱牌有个专门的贴牌部门，叫技术输出部门。虽然七八年前就提出要缩减，但一直未能下手，下手也是不痛不痒。以为蚂蚁也是肉，弄一点是一点，其实，明显透支了主体品牌沱牌的品牌价值。

二是沱牌原来整个公司只有一百多位业务人员。前几年增长到九百多，但是仍是只在局部的遂宁等区域进行了下沉。所以，市场没真正做到位。

三是牌子多而杂。有一阵竟然想发展陶醉这个品牌。本身中高端舍得与平民酒都已做出了影响力，还抽出各种资源在成都等地做陶醉培育。

我们再看看天洋的举措。从近期各种公开报道来看，天洋沱牌主要做了如下几件并不复杂的事情：一是砍贴牌；二是渠道下沉；三是集中所有火力将优势做到极致。通过这些方面的改善，天洋沱牌的销量与利润都得到了大力提升。

其实，白酒业更重要的是营销体系的升级

跟有些行业不同，如饮料行业、食品行业总要创新产品，这样，在渠道体系已建立起来的情况下，不断出新品，就是不断出增量。

而白酒业是产品较成熟，但渠道建设、营销体系、人员操作等靠渠道商为主，这样明显就出现酒香也怕巷子深的情况。如果市场一有变动，如控制“三公消费”“八项规定”等政策出台后，消费通道就明显受阻，民间消费因此也很难以建立，从而行业前几年跌入谷底。

其实，白酒业从沱牌以及消费品业其他板块来分析，白酒业只要营销能触达到真正的消费市场，销量增长，是不难的。

现在都说高端酒市场有复苏迹象，我们还是希望头部品牌之外的酒企都能厉兵秣马，将自己的营销体系真正搭建好，产品梳理好，做好渠道下沉工作。这才是真正的行业可持续发展之道！

次高端白酒的另外一条出路

高端白酒股市低迷，可能会造成对次高端白酒的挤压。

次高端白酒的复兴之路，又多了一些变数。

现在，次高端白酒的操作手法，跟整个白酒业一样，无非是团购、公关营销、品鉴等。

在高端白酒茅台入资大数据公司之际，是否能为次高端酒品的发展打开一条思路？

次高端的“窘境”

次高端的窘境就在于，其作为面子酒、权贵酒、公关用酒等，被高端抢尽优势。所以，次高端酒，往往更多用于自用、朋友喝、一定的社交场景、婚庆喝。

在这种情况下，其在品牌影响力、品牌定位上的两个最重要的因素(即社会性、文化性）就打了折扣。从而消费场景也受到了一定的压缩。中国的白酒消费，如果脱离了社会性因素，则就像一个大家闺秀，养在深闺而难以走出房门一样，自然难以被消费者认知。而文化性的难以主张，则又像少了一些“B格”。

消费场景压缩了，一些文化性的消费主张又好像得不到舒展。但是，在如今的这个传统、新经济、移动互联、产业互联、数字时代并存的时代，灰度的环境，能否有其他好的新的路径呢？

网上卖次高端酒的机会

当然，网上卖真酒不只是卖。

应该说，网上卖真酒就是利用移动互联的互动性、IP 化、影像、图文、社群等特点，进行营销—销售一体化卖酒。

这种卖酒，加上口碑形成与传播，让消费者资产为自己打 call，突破线下的物理性时空界限。

这种卖酒，一是可使酒品的文化属性脱离对社会权贵等的倚重，在进行真正的纯市场化的营销的同时，能够在网上建立更紧密有效的消费者关系、交易结构、产品影响等。

金东集团的“一坛好酒”，就是靠网上营销、网上销售而取得成功的。虽然并不是那么次高端，但是，也是在没有太多社会、文化属性的情况下，新开发的纯粹只注重实用功能的产品。

次高端酒，社群性更强、消费者资产要更足

这些不但在线上有机会形成，因为朋友、日常、价值、圈子等社会属性更强，从而社交属性（这里的社交属性不同于上面的社会属性）更强。社交属性，在移动互联上，就可找到更多的方式方法工具来应用。包括抖音、快手这些短视频工具，高端白酒可能觉得有点 low，但次高端可能正好，或者可不太顾忌。

社群属性，可以剥离掉社会属性和文化属性，其与我们说的，好酒自己喝，最亲密最熟悉的朋友喝，有概念融合之处。

另外，在社群里面动不动说：我们一起喝茅台去，这就很张扬。但在社群里进行一些次高端酒的场景传播与裂变，就比较合情合理。

在网上卖酒的如上文提到的一坛好酒，还有一个在社群中推的品牌：肆拾玖坊。这些在线上销售的白酒，现在都有一个优势，即虽然没花钱（或者说没花多少钱、包括前期基本无广告投入）去打广告，积累品牌资产，但是，都积累了一定的消费者资产。他们通过裂变转发、点赞、参与

抽奖、进行瓶子创意、结合线下喝酒分享等，潜在消费者变成了用户，用户变成了粉丝，还有不少粉丝成了编外的营销、销售力量。这些，都是企业不可多得的消费者资产。

次高端新白酒，立刻行动

次高端新白酒没有品牌价值下跌的负累，没有高端白酒的变成大众酒的降级，没有转弯调头等的担心，移动互联、大数据时代，其实是最适合开发次高端白酒的时代。

开发高端白酒，势必得往地位、权贵、文化、历史等层面挤，这没必要也可能行不通。一是这条路已经无限拥挤，二是这些方面没有优势的企业再这样投入，产出会越来越低，三是80后、90后的白酒消费理念，已经发生了变化。次高端，用新型方式方法工具，积累消费者资产而不是通过打造品牌资产来影响消费者，或许有更大的一片天空。

纯粹利用互联网营销白酒，是否可行

不断有一些新型白酒创业公司，用纯粹的互联网方式，开始进入这个最传统的快消品行业。

而从他们的现实操作来看，好像不是在“卖”酒，而更多或基本是在利用移动互联网“营销”酒。

难道营销酒与销售酒，没有区别?

对标江小白

有创业者说，江小白一开始好像还只是一份BP，就拿到近亿元的风投。于是，他们也有了创业做新型白酒的冲动。

我们也看到，其他有几个对标江小白的新锐白酒创业，也号称是有非常强的互联网基因，现在很难听到他们的后续消息。

不知他们是否知道:

首先，也可以说，江小白现在还没有真正成功。老陶也是说要将企业做慢做久。

其次，我们也都知道，江小白在线下的功夫，一点也不比线上少。其销售动作，可能比营销动作更努力。

最后，其实江小白只是一个新型白酒公司，而并不是一个靠互联网营销的公司。这新型白酒与新型营销，还是有区别的吧?

利用移动互联资源的营销

我们见到这样一个互联网白酒团队，除团队的创始人是白酒业从业者外，其他三个联合创始人都要么电视台背景，要么自媒体出身，而其他一些工作人员，全部都没有酒业从业背景，都是新经济下的营销、推广、运营人员。

他们做互联网营销，可能在线上还真是有一些资源。如电视台资源、电视台人脉带来的传统媒体、线上媒体资源。一些自媒体矩阵的集群，据说粉丝也是千万级。

基本可以看到，创业初期，在媒体上发布信息，试图快速利用这些资源、关系来获得消费者资产。

从这些方面来看，在移动互联传播上，新经济从业人员确实有一定的优势。

不过，我们得说，从营销，到转化到销量的业绩实现，中间还是有很长的路要走的。

销售，靠直播卖货

该创业团队提到，其销售方式将主要采取淘宝直播、其他渠道直播视频的方式。并且已经进行了布局，如制作一些视频文件、申请淘宝上的视频直播资格等。

直播卖货，形式很新颖，快手、抖音也正流行。笔者也有篇专写网红营销的文章。但是，视频营销、网红营销这些，还是应针对特定的产品品类和消费目标人群等，用的更多好像是服装、化妆护肤品、特产等。要用来销售白酒，其效果还真的需要检验。

另外，线上销售，直播是瞬时效应，有效也只是限直播期间，效果有限。

且线上销售更多是长尾效应，即平常发布在各大平台、商城上，靠点滴消费购买积累。有时，对传统或“老旧”的销售方式的不屑，是否也只是出于一些创业者的过度自信?

线下互动与活动

这也是互联网白酒最终能否成功的重要的组成部分。

白酒消费，是需要情感交互，是需要场景的。

且传统的婚庆、商务、送礼等消费场景，已经是千年的习惯，互联网白酒没有这些，或者说做不到这些，其新开创的场景，是否可实现销售?

总体觉得，如果只是在网上卖酒，这场景还真是窄了。

没有温度、非直面沟通的感情、没有氛围、没有感染、没有文化气息……卖酒，只能“鼓吹”产品品质、产地、性价比，这些，是否能真正打动网民消费者?

另外，汽车、旅游之类的一些活动，只能搭载，而难以同时发起以

“白酒”为主题的线下活动。这些搭载活动是否本来就并不能直接促进卖货？这些问题，也是有必要思考的。

白酒原来的品鉴会，虽然现在可能已经用滥了，但也是够直接。这种活动要想真正地促进销售，也是需要精准策划的。

销售渠道建设：招募城市合伙人

该创业团队在发展计划中，提到招募城市合伙人，是其销售工作的重头戏。毕竟，销售工作，还是需要招募中间力量来做。

他们对城市合伙人的要求，除社会资源外，也是有当地自媒体资源的优先，且需要对新媒体营销、社群营销有一定的了解。也就是说，他们的销售渠道的建设，却也是以新媒体营销、社群营销为要求的。

他们号称将采用：“自媒体 + 电商营销 + 创业社群”的营销方式，突破中心化营销传播结构，立足全网域全渠道，实现多场景的消费覆盖，以优质的内容、全新的营销模式，满足受众群体的需求。

从这里看来，他们还是希望借助自媒体、传播等直接实现销售的。

酒仙网从说永不做线下，到积极线下开店

白酒行业中，还有一个案例可提供一些启示。

酒仙网应算中国较早的白酒互联网销售平台。前几年花了不少精力，甚至是软件开发，来实现互联网营销。可是，一直难以盈利。

随着线上流量越来越贵，酒仙网这两年基本聚焦于线下开店销售。其微信朋友圈里多看到的，又是其哪个名酒城开业的热闹场面。

从多个角度来讲，酒仙网的线上销售时机、资源、能力、资金，都是不错的，但是最终又回到线下，这经验还是可借鉴的。

线上不只是流量红利没了，认知也变了

移动互联的发展，民众是对移动互联网的新鲜产生了极大兴趣，从而一头扎入微信、微博、头条、快手、抖音等。随着微信已经走过七年，一些认知已是开始回归。网上的营销、传播、互动，看似吸引人，但越来越显得无聊无趣，宝贵时间还被侵蚀，从而慢慢地选择性退出。

另外，线上销售，一个最大的难题，很多时候其实是没法解决的，那就是信任的问题。

线下的直接交流、有温度的接触、对人与产品的真实感受，更能触发信任感的产生。而目前线上的各种手段，并不能提升信任度，甚至更多情况下，是信任度难以建立的影响因素。

所以，无论传统销售，还是转到互联网销售，如何建立信任，是第一需要思考和建设的。

线上的方式，作为工具或支持

这，好像越来越成为趋势。

可以说，网上支付的建设，这是线上销售得以实现的重要突破。但是线上支付，已经为巨头们把持。所以，如何通过一些新的科技、互联、数字手段，来与线下结合，建立消费者对产品、企业、品牌、交易的信任，是线上作为工具的未来。

毕竟，微信已经无所不能，但微信之父张小龙还只是将微信当作一种工具而已。这不只告诉我们，不要只是认为移动互联网无所不能。同时，在产品销售上，我们确实还要对线上线下如何结合，作更多一些的探索，不能重视了这头，丢了那头！

第九章

新快消　新角度

从投资角度看食品饮料酒的创新创业

随着商业社会变革大潮的持续，食品饮料酒业的创业也多了起来。

是真正的小而美的消费品时代到来？还是其他方面的内外形势使创业成为行业必然？这些行业创新创业，又如何才能真正走向成功？

全新创业

消费品业是个传统行业，但是面临的却恰恰是新消费者。虽然不少人并不认同新消费者的说法，如白酒的年轻消费者不喝白酒，但他们认为随着他们年龄、阅历、工作位置等的变化，自然就喝白酒了一样。

当然，我们应该承认，消费者的收入水平、家庭环境变化、身处的购买决策机制确实变化了，消费结构也变化了，消费者还是会有变化的。移动时代，应是新消费者与传统消费者有较大不同的时代。

所以，一些互联网小白酒、一些更强调创意的小食品、一些觉得行业头部企业正问题频频的功能饮料、一些地方土特产的包装化、一些生鲜产品基于社区进行团购化的突破、精酿啤酒的基于兴趣的不断发起……，类似的新品，将不断涌现。

老树新花

某消费品业最资深的投资大佬，随着他对消费品业创业项目了解的加深，近几年，他越来越倾向于去看一些老企业的新产品线开发、新的板块扩大、新的人群的需求满足。

前几年娃哈哈的产品一直被媒体诟病，事实上确实一些品类、包装、口味也在老化。于是也开始了产品创新的发力，甚至宗庆后也将女儿的工作岗位放到了经营口。

雀巢公司甚至也专列板块，结合一些创业团队，进行产品孵化，力图在产品开发的源头上，让自己还活力、还年轻，还引领潮流。

老企业、巨头、头部企业，总不能坐视环境背景条件不管，任由存量业务的业绩下降，而新业务迟迟不能形成，业绩增量总得找到入口。

创新创业，值得鼓励

食品饮料酒业的创新创业，是真值得鼓励的。

首先是因为是积累非常长久的行业，无论产品、渠道、营销手段等等，是非常成熟的行业，所以，创新创业要打破原来的格局、稳定的运营结构，乃至利益，是非常需要勇气的。

另外，除上文说到的主流消费者其实已经更新换代之外，新消费其实环境、变化、未来是混沌的、是可变的，是不明朗的，所以，要承担更多的风险成本。

但是，行业特性明显，不一定支持草根创业

消费需求的变化，并不一定是完全冒出，有时可能就是行业太古老，太日常化，所以，真正的变革可能需要非常大的成本，也包括品类露出，消费者教育的成本。而教育到一定阶段后，传统行业都有巨头，巨头们就较容易来摘果子，而创新创业企业的资源能力短缺或偏差，则很容易束手无策。

另外，新品小而美的问题，这是不少所谓专家，正在鼓吹的。可是，

我们要想，原来的各地特产，小却不一定美。它们如果不做大，走出去，商品化，是非常可惜的，价值一直没被真正显现。行业创业，如果也朝着小而美的方向去走，则相对仍会未来比较艰难。

甚至最终被头部企业吃掉。而头部企业并购这些小品类、新创产品，可也得看“风口”来了没有，自己有没有必要在这方面再增添一条产品线。

行业创新创业，主要是各种体系化建设的问题

我们先不说那些创业——只想有碗饭吃，只想有自己的小生意的一类哈。

大众消费品，迟早要面对大众的消费需求与潜力，所以，全国性、大面积、全覆盖、遍布的网络、广泛的传播或互动、以点带面到整体的销售最终表现、能够复制性的扩张等，就是行业发展的关键词。

虽然，现在好像视频、直播、社群等也是无边界的拓展，看似未来前景无限，甚至有可能取代这些行业发展的关键词，可能觉得这都是“上一代”的关键词，但是，体系化建设，应是成就大企业，或者可持续发展企业的必需。这些新拓展与营销手段，现在最大的问题，也就是技巧化、术层面，如果不能体系化，一是效果会越来越打折扣，二是已越来越成为“大路货”，“你有我有全都有”，竞争规避性没有，很容易流于失败。

所以，小企业想做成小而美，是难有护城河的，那么，可持续性就打折扣，这样，从投资机构来看，风险就不小，同时，如果没有大企业进入或支持，品类就很难最终露出，最终，也就很难形成气候。

所以，我们也看到，中国的物产还是很丰富的，哪个品类最终能形成全国品类，在资本层面，又是传统行业，还是很谨慎的。

看投资回报来分析

我们也可看看最近上市的两个企业，一个是六个核桃，代表的核桃乳品类，一个是香飘飘，代表的杯装奶茶品类，企业都不小，且绝对是头部还占强份额的企业，但是股市表现，并不突出，投资回报并不丰盈。

而乳业这个极传统的行业，则不断有一些W创新创业企业，能走得更远，也有不少在逐步接近上市、并购等，则也能证明如上投资大咖为什么有自己的新的投资逻辑。

新品类创新创业，需要非常强大的咨询策划支持

作为投资人以及消费品行业曾经的操盘手运营者，看近年不少的消费品创业创新项目，觉得不少的创新点都很好，给人以惊艳之感。他们的一些新做法，也值得鼓励。

但是，由于是创新创业产品，创新，则可能是进入了无人区，创业，则可能某些方面的能力资源都不足，消费品行业又不像移动互联相关产业，空间、机会都是无边界的，消费品类仍然必须要实现消费者一个一个人、一次一次的购买消费，也难以爆炸性的裂变出销量来。所以，需求论、STP市场细分、目标市场、定位、品牌资产或消费者资产的打造、价格设计、渠道合作、网络开发或招商合作等，仍是需要的，并且是重要的。我们总不能只是网红小姐姐不断的搔首弄姿等方式一直去招揽消费者，最终没有品牌形象、价值积累、良好口碑传播，几个月就会失败的。

所以，作为消费品，新旧结合的同时，进行破局又不失价值的可持续发展，或者能开拓出一个品类来，并且引领品类向几十亿、百亿冲击，或者实现与头部企业良好的互动或合作，也是企业未来成功实现格局性突破的良好未来方式。

从投资角度看中小型白酒企业的出路

从2018年白酒业趋势来看，名酒集中态势明显。

这是不是未来的趋势呢？如果是，那么中小酒企怎么应对？

舍得的混改

行业同人都清楚，四川沱牌舍得是个资源非常不错的酒企，可能由于体制等原因，发展一直受限。虽然是十七大名酒，川酒六朵金花，公司上市也较早，但就是业绩一直不温不火。

自从引进混改之后，大胆改革，业绩、利润、品牌、影响力一路高歌猛进。虽不说引进来多少资金，但确实给企业带来成长的迹象。2018年的业绩报告已经出来，其销售业绩、利润都是创了新高，增幅大幅上扬：2018年实现营收22.12亿，同比增长的5%，实现归属于上市公司股东的净利润3.42亿，同比增长率38%。

据信息资料，舍得改制之后，改善业绩与经营的直接举措频频：股权激励及其他激励机制、分级授权、KPI、百人计划、千人计划、战略新品推出、渠道建设、销售队伍扩编、营销策略调整等。这些改变，可以说是民营资本与运营所带来的巨大改变。这些，正是作为各种样本，成为经典案例，也激起了白酒业创新与突破的行业突破之口，以实际行动效果带来了行业未来可能的发展变化。

白酒业为什么资本性助力与突破并不突出

首先可能是因为行业太大，在册的企业都有六七万家，能取得资本性助力的，毕竟是少数。

其次，行业其实经营风险并不大，且自身的现金流也相对而言非常好。相对而言，一些白酒消费还有地域性特点，也没有太大意愿进行扩张与区域市场突破。

同时，本身非常传统的行业，那么，可想象延展空间，并不像互联网一样，没有边界，以及抓住一起因为技术变革或者金融把手的机会。

……

当然，我们也看到乐观的一面，虽然在制造商、工业方面，还尚需加大行动，但是在商业方面的突破，却很显然。如酒仙网、1919、中酒网等，都赶上了这几年的创业融资机会，实现了中国酒业的商业变革的尝试。

行业六七万家企业，有没有资本助力的可能

可以说，烟草行业因为整合，带来了长达十多年的优质发展。

归根结底，是因为看到了同样的产品，如果贴的品牌不同，则价值感明显不一样。当然，行业品牌整合后，原来产品的品质也可能得到较大提升。或者可能性价比更高，或者成本费用也会下降从而利润提升等。

白酒业这几年在创新之风劲吹的情况下，虽然总体没有大的颠覆性变化，但几个头部企业却在进行不遗余力的产品整肃。几个头部企业都开始品牌瘦身，甚至全面停止定制、贴牌等业务。这其实说明一个道理，品牌、整合是行业或者企业取得更大品牌溢价、更广区域突破、更优企业收益与未来发展的路径。

其实，或许有了资本、资源的助力，除去这些头部企业不算，各中小企业也有通过这种方式，实现弯道超车、成就大且强的企业的可能。

白酒行业，资本助力实现的可不只是增长

在2018年，有个行业大事件，即1919被阿里投资，在资金、资源、数据、平台、市场、合作等方面得到非常充裕的支持，从而使原来的差点梦碎的千店梦重新激发，甚至大幅提高目标值，实现了不可估量的发展空间与未来。

如上提到的舍得酒业，虽是上市公司，但原来主要是国有股，在进行混改后，民营资本进来，跟原来相比，思路与手脚都得到解放，从而走在了发展的道路上。

另外，还有一个江小白，也是在通过资本的助力，完全是一个新创白酒品牌，在几年内便一路突飞猛进，销量达到亿元、十亿元级别，同时，更是在开拓年轻白酒这一新的市场。不但年轻人群市场得到了拓荒，也突破了区域限制、口味限制，现在已经可以说走出了一条与白酒业传统发展路径不同的道路。不管最终结果是否成功，但这样的突破，在行业发展历史上，是值得书写一笔的。

还有，现在市场上的所谓互联网白酒创业也有逐渐蔓延之势。这些小酒企，借力资本市场，进行线上的无边界销售，通过社交力量与形式，建立不同于原来的线下销售网络，也通过网红直播、小视频等形式，形成自己的独特营销方式，这也在拓宽传统白酒的运营方式，市场上慢慢积累了一些可继续发展的品牌。

在现今阶段，科技正突飞猛进，科技成果的应用，是企业弯道超车的良好机会，如能借用资本，大胆革新突破，将能使企业实现指数级成长。

资本的方式除产业资本的融合并购，还有股权融资

行业内企业自己的资金，可能主要就是通过并购了。但如果行业外的

风险投资进来，则可能股权投资更常见。通过股权融资，实现市场在资金助力下，快速有效获得市场资源、人才、合作等，应是未来开放性发展的重要方式。

快消品 B2B，基因定生死未来

虽然 2017 年上半年仍是 B2B 发展的“幸运”时期，因为还是有不少的 B2B 项目获得了融资。但是，上半年应也是消费品业 B2B 项目开始反思与逐渐走向理性，以及也是行业基本仍未找到可行的赢利模式的时期。

快消品 B2B 发展已经四五年，其发展到现在，我们是否可以判断：快消品 B2B 并不是什么颠覆性创新物种，而应多是渠道中间层级的自我升级而已？

快消品 B2B，还能有多少突围

基于快消品业中间渠道的松散性、费用损耗、单向封闭，以及厂家是渠道的起始端仍难全面掌控市场，从而一些原来的渠道商，以及外来进入者，看到了渠道中间可能的发展机会，纷纷利用移动互联给商业带来的空间，启动了 B2B 电商项目。

看似快消品的 B2B 内在并不复杂，但是，由于厂家基本没有参与，终端是被动参与选择性参与。所以，B2B 到现在为止，渠道两头并不积极与融合，使 B2B 仍基本是中间层级所发生的一些变化。我半年前曾经写过一篇《品牌商为什么不愿意用 B2B 平台》的文章，为什么写这个，是因为当时看到快消品 B2B 与当时特别火的工业品大宗交易 B2B 等明显不同。后面又有业内朋友在进行市场调研后，于近期（也就是近半年后），又同样写了一篇厂家为什么不愿意与B2B商合作，以及一篇终端店也不太愿意与B2B商固定长期合作的共两篇文章。从这些看来，虽然快消品B2B通过市场不断的试错与洗礼，越来越有了一些清晰的认识。

快消品B2B，与工业与原料类B2B不同

细数那些红火、资本也极愿意亲近的B2B们，也就是大家都乐意说是以“找”字开头的那些B2B电商。而这些电商正是以工业品、原材料等的经营为主，如找钢网、找塑料、金银岛、中农网等。他们为什么能够得到市场与资本的青睐？我们看到，这些新型B2B商们，原来就是在整条垂直价值链上，但原来由于信息不对称、交易繁杂与不便利、体量又比较大从而交易额较大，这样，有需求、有流水、有大量资金往来，虽然运营成本高，但也能有所毛利（如钢铁类的前两家据说都已经在2016年实现了盈利），商业模式得到印证，赢利模式已基本跑通，从而不断地得到支持。

并且，由于这些都是行业原来就是巨头的头部企业所开创，或者原来就是在做中间撮合的，所以，移动互联解决了他们的一些痛点：主要在信息、商务方面，从中间节约了时间与成本费用，提高了效率。所以，整个行业或板块，也不太可能存在多家来竞争，这样，在商业模式得到印证的同时，还进行了竞争规避，实现了可持续发展的可能。

而快消品B2B可以说有相当的不同。一是都是小宗生意。一个店一个月几百元或几千元的送货量，只有积聚几千上万甚至各地开分公司才能做到一定体量。二是基本都是低毛利生意。所以行业流行的说法就是大品牌带货小品牌赚利润。而品牌商现在基本不会主动去与B2B电商合作，因为没有品牌溢价，毛利极低，并且都是辛苦钱。三是高附加值工作少，基本就是送货收钱。在下订单这样的附加值稍高的工作、铺完货后的动销

工作等方面，其实能力都极有待提升。四是稍高附加值的服务也不多，如给厂家出新品上市方案、产品促销方案等，但这些方面的服务都不足或最终都较难以实施。

即使行业内有从业者所说的未来的大数据服务，这也是不可推测的将来，大数据的极力推崇与实践者——阿里某副总裁都说，这中间有非常多的坑以及成功的不可预计。还有，B2B 电商的 APP、送货配送、各种服务也都很难与竞争对手形成规避能力，最终只能低价低价再低价抢市场。另外，还有一些观点，希望自己能做成像京东一样的全国性线上市场，来打破原来的区域隔离，从而来丰满 B 端电商的购买与交易。其实，这除了也同样甚至更要像京东一样的时间、亏损坚持外，而且像京东这样的分司全国也只可能出来一两家，也并不是大家都有必要去坚持做的事情。

总之，最终与其他一些行业的 B2B 相比，毛利值可能会有一些，但本质就是跟原来的传统中间商没啥区别，靠克扣中间或者做得城市农民耕耘市场的钱，跟原来的模式相比优越性不高，替代能力也就低了。

至于解决品牌商、终端店、消费者的痛点，从现状来看，这方面的优势基本看不出。当然，硬要来说，可能相比之下原来的两到三级分销，产品集结程度会稍高一点。下单原来是电话，现在是 APP 而已，原来能给终端赊货，现在最多也能；可是原来企业还能给终端提供体系化的贴身订货销售换通货资金等服务。现在要让 B2B 来负担，不是不行，那就勉为其难了。

另外，原来基本每个快消品企业只要做渠道，那么，渠道基本是通的，成体系的。现在这么看，不少 B2B 电商，就是打劫和颠覆原来渠道以及中间商的角色。B2B 电商如果没有真正能颠覆的能力，渠道未来发展也还会是各种力量在较劲，原来的企业、中间商也不是无能之辈，所以，未来的可能残酷现实与发展空间，远还没完呢！

一种快消品 B2B，叫升级

原来就在渠道链中的中间商转做 B2B 的，部分能活下来。这叫升级。

重复一句。这种叫作中间商服务升级。

他们原来就是消费品类的制造企业，或者是批发商，或者是配送商，原来就承担将产品从品牌商传递到终端店的角色。但原来效率低、服务内容简单直接，现在移动时代来了，终端可以更直接地在移动工具上下单了，并且原来就有客户资源、终端资源，只要将信息系统、与银行或资本机构改革更好的资金流、更先进的仓库管理和储存管理、更现代一点的物流配送体系进行加入或改良，那么，就形成了大家现在所说的 B2B。

我们一定要记住关键一点，他们原来的赢利模式，是跑通了的。只是少赚点，或者赚得辛苦点。但他们原来是能存活下来的。除开因为不懂互联网运营，需要在移动互联前后台运营上花费太多人力物力财力外，否则没有存活不下去的道理。

他们只是利用先进一些的东西，对原来的商流、物流、资金流、信息流、管理流进行升级而已。

并且核心的，只是提高了效能。

这种，都不叫创业。要叫创业，那就是借一下风口呗！

另一种快消品 B2B，叫创业

原来不在渠道链中的来做 B2B，这叫创业，会很艰难。而更可怕的是，这中间暗藏着一种非常不被看好的模式：打劫！

同样强调一句：能进来干这个 B2B，为什么不把精力和资源做别的创新呢？当然，你可能要说，移动互联时代，就是抢流量占流量。这种就是抢流量的方式啊。而我们却要说，这种抢流量模式，并没给渠道流通、上下游带来一定的效率效果效益，并不可取，也最终并不会取得太多的认同。

通过上一节的分析，我们可能就比较清楚了。这种新来者，因如下原因已难有自己的核心竞争力。

- 物流要改善，要么自己大投入，要么外包，外包就没有利润可言了。
- 资金流要改善，要么融资烧钱，要么自己很有钱。否则，那是很难转起来的。并且快消品原来不少中间商就有赊货给终端的传统，这点使得哪些要抢原来的中间商饭碗的B2B，只能血拼死磕到底，没有第二条道路。
- 信息流，在快消品业，原来即使非移动时代，电话不方便，但是，多数有一线业务人员进行拜访，所以，二者结合起来，并不比现在的手机下单让终端更满意。并且，你将他的数据纳入自己系统了。快消品业终端，早在一二十年前就已经有了应对之策——两套系统。难道他们不知道自己店面的数据不重要？现在不知道，将来应该一定会知道的！

……

当然，随着创业背景、条件、因素的变化，也可能这种创业，在将来或许能突破出一条新的发展道路。但，谁又知道呢？毕竟，创业条件越来越差。

快消品B2B，不应只是一个传统渠道商的变种

如果中间商需要的服务能力、终端需要的卖货能力、厂家需要的营销能力提升不了，或者从品牌商那得到的品牌溢价空间实现不了，中国的快消品业，对品牌商及终端而言，可能只是多了一些名义上打着B2B，实际只是可多可少的传统渠道商的变种而已。

他们不是将死，就是将很长久地痛苦地活着。

消费品业 B2B 之年度总结篇

消费品业 B2B 电商们从创业启动到现在，最早的已经有了四五年，最近此业内好像终于有了一些沉寂冷静下来的迹象。

有些 B2B 电商，赚得了一些 APP 在终端店的安装，并且进行了贯通上下游运营的一些改革。那些营销、销售、支付、物流等环节都打通了的，或者本身自己就有一些终端店加盟店积累的，还会有一些发展空间。

其他的，估计不少都要重新思考了。

B2B 电商困局：两头都难产生收益

那么，B2B 电商做直营，跟原来的传统渠道经销商有什么区别？可能最多在信息流、物流等方面的效率有所改善。其他，基本没啥区别。并且，性质上，还有些 B2B 商，是在“打劫”原来的渠道成员含辛茹苦培育出来的成熟市场，有的还在隐患地窜货与扰乱品牌商原有的市场格局。

别看有文章说品牌商有拥抱 B2B 商的意愿，其实，只是品牌商近年在业绩上，存量难保持，增量无处寻，被逼急了的缘故。逼过头之后，回过头来看，还是觉得 B2B 只能局部、短期、项目式、单次性合作，是不能成为真正的渠道销售依靠甚至是持久性协议合作伙伴的，于是又深挖自己的经营管理去了。

在终端客户这一头，对终端店而言，不是有货的上游厂家或商家，在他们面前都“有奶便是娘”，而是价格便宜且服务到位，能让他们赚钱养家甚至发展等的才是“爹”。所以，由于 B2B 商没有拥有自己的产品而是经销代理，价格除补贴外不可能有优势，则只能从他们身上再开发别的盈利点。

可是，开发新的盈利点又何其难？羊毛出在猪身上的理念害人不浅。谁都想在他们身上压榨，可你得要有能力开发与经营好其他的盈利点才行。而且毕竟，这些羊毛，你想薅就能薅得着吗？

所以，软信团队曾经深入研究过，B2B 的盈利模式只有两种途径：一是品牌溢价；另一种是服务增值。而这何其又不都是需要一个长达五年十年的发展过程？所以，B2B 商们，经过这几年的发展，该试的都试过了，再折腾，如果不能在如上两个方面取得突破，就可能只是瞎折腾了！

靠移动互联红利，取得收益的时机已过

虽然有些 B2B 总是说自己如何“高大上”做得如何好，其实，到现在为止，回过头来看，都是钱烧出来。在数据库里增加了一些下载过 APP 的终端，以及在日常运营中，间或出现了一些通过 B2B 进货的终端店而已。

当然，同时可能还用钱烧通了一些必须要得到验证的运营。虽然没盈利，但是消费品商业，就中间那些流程与环节，走通了中间的运营环节，将来可能就有了效率。即使效果不变，效益总会有些的。

当然，也有一些原来就做消费品加盟店的，加盟这种模式，本身就是品牌具溢价能力的结果。这就本身是可盈利的。加上 B2B 的信息流、资金流、物流的更优化，那么，仍是可坚持走下去的。

红利期既然已过，那就只能扎扎实实地干下去了。可是，消费品业的苦 B 业态，还有多少人能继续玩下去？原来本身就在这苦 B 行业深扎的，可能还能挺得住，但对不少从外行进来的，可能就真的是鸡

助了！

消费品 B2B 有自己的特点

虽然我自己也很忌讳听别人说，消费品业是个独特的行业，它就是不同，不能拿对别的行业的方法或理解，来看这个行业。但是，快消品行业的 B2B，与其他一些行业相比，是真有些不同。

为什么呢？

因为消费品本身的产品属性和曾经的深度精细化营销！

快消品原来是通过大批量全区域快速层级化销售，实现真正的薄利多销，从而实现经营业绩。而移动时代的全区域、快速、层级化销售，是否需要改变？如果必须改变与调整，厂家如何调整？是否就在产品上需要调整？如果从产品层面来调整的话，产品本身及价格体系如何调整？如果在产品层面不调整的话，B2B 商们，在渠道运作上如何适应？以及厂家如何在传统渠道商与 B2B 之间重建渠道和谐结构？ B2B 商们又如何能在原来的如三角形稳固的渠道体系中抢一杯羹？而 B2B 又凭什么能力能够抢到这一杯羹？而 B2B 商们，为了要抢这一杯羹，你真正的服务能力一时又上不来，那就得烧钱来取得竞争优势，而短暂的竞争优势，又能支撑起你长久想在这行盈利的未来吗？！

另外，又加上原来的深度分销的人力、物力、财力投入，工业时代的产品与消费特性，在快消品业发挥到了极致。深度分销，使消费品行业主要大类，都基本进入了极度精细化管理与运营的阶段。要获取油水（也即利润），那你得有更高的精细化运营管理能力，才能在原来的极薄的利润空间中再刮一层油。而说实话，这是何其的艰难！

而实质上，现在要转到移动时代的 B2B，本身除信息流外其他的环节虽然从传统的线搬到了网上，但也并无实质性变化。而信息流的打造，不少企业是付出了重金的，包括移动时代的运营，也是高耗。加上“打劫”式的抢市场，又得损耗掉相当大资金（曾经的消费品企业在这方面投入了相当于六七成的渠道费用，这也是为什么要补贴的原因）。

所以，无论是在这个灰度时段（即传统与移动夹杂阶段），还是将来的成熟稳定期，如果产品价格不做调整升级的话，现在的B2B商们基本上是一直会难赚到钱的。

但是，话又说回来，像餐饮业、酒店业等的即饮式消费，价格敏感度不高的终端类型，B2B商还是可有所期待的。还有那些价格本身弹性大的消费品类产品，其B2B也是存在将来继续发展的可能性的。为什么说B2B有发展空间的就只有上面所说的两种情况呢？因为这两个方面产品或现在的运营管理，不是如此完善，还有空间可挖。

当然，还有一种，即不是区域性的精细化运作类型，而是全国性的对线下消费的插空型B2B，即全国都能卖，但不像食品饮料啤酒乳业类产品一样，需要如此精耕细作，来摊掉大量成本费用的，也是可继续烧下去的。这种，就是真正的跳出上面分析的消费品业运营，而是属于真正的移动互联运营范畴了！

只是，全国又能出几家呢？何况，发展路上还是问题多多、障碍重重。

消费品业转型升级，没有没经实践过的理论与思想

消费品业B2B已经发展四五年，最近两年来，可以说，所谓的理论、观点、思想，开始满天飞。而更可怕的是，过不了几个月，一些所谓的专家，其观点可能就又不同，甚至于与原来的观点相背。有的是基于利益原因，可能更多的，是因为没有实践，以及没在移动互联中浸泡与感悟，所以，始终不得要领。

为什么？其实消费品的商业流域，本质还不是很难的。可是，如果这个仍没抓住，就代表没真正实践过，只是在传统的逻辑框架里，自以为是地继续找自己的答案。也就是说，经验在害人，基于经验的臆想在害人。

所以，更不用说，移动互联的消费品业 B2B 电商，到现在已经发展四五年，我们是否要告诉他们，或者跟他们一起来探讨，甚至跟他们一起实践，他们到底该怎么想明白自己的模式，到底将来要靠什么来赚钱！

消费品业 B2B 电商，近几年发展，真的是没那么多花活，因为这是新环境新条件新背景创业。作为创业者，就是要想清楚自己的商业模式，以及将来能怎么长久可持续地赚钱。自己的资源与能力有哪些，过程如何匹配，如何选择最合适的发展路径，从而实现效率效果效益的可持续增长。

所以，B2B 商们，想对 B2B 了解甚至涉及的经销商们，给你们转型升级的时间本身已经不多了：移动互联获客红利期结束，品牌商、终端店、消费者、渠道分销商们，其认知也已形成，你已经再难烧钱买时间、买到流量与客户资源，想做的，就真的要擦亮眼睛了！

希望 2018 年，中国的消费品 B2B，真正能跑出几匹好马，为中国的消费品业渠道发展，探索出真正的变革路径。

投资人看消费品 B2B 的专业仓配化误区

B2B 基于商业而存在，也基于商业而受阻。

为什么因商业而存在？商业需要中间商。

为什么因商业而受阻，商业有其本身逻辑，这个逻辑不会因移动互联的出现以及 B2B 产生，而发生任何实质性的改变。

专业仓配物流，可口可乐 20 年前就做过的事

仓库配送物流，这都是产品在传统流通过程中的非常普通却也非常重要的功能。可以说，没有这些，就无法将产品分销到终端甚至消费者手中。

也正是因为非常常规与重要，所以，过去这些年，企业和经销商都曾经在这里进行过一些升级探讨，甚至形成了一些渠道模式。如华润雪花啤酒公司的深度分销模式和分销协作模式，就曾经将经销商的仓配功能独立了出来，给厂家提供仓库进行蓄货，给下线客户进行产品配送的运作。

同样，这样类型的运作方式，可口可乐公司，也是在 20 年前就尝试和干过了。记得当时广州区域就与邮政这种完全无消费品销售职能的机构合作过，让其给自己进行仓配。

仓配物流在移动互联时代被重提，个人认为，其实这只是表明 B 端商能力与效用弱化了，至少是异化了，现在消费品业中间渠道受到电商的冲击，电商不算代表先进事物至少也代表未来趋势中不可缺少的部分，而线下渠道中间商反而能力变弱、变薄，肯定不可取。肯定也无多少前途。

这样，制造商、品牌商，还不如直接去找专业物流商。

未来的仓配，不再是模式不同的变革

未来的仓配商，重要的是改进效率效益。

其实整个仓配，也基本只与改进效率效益相关。不能说，前置仓配，就成了渠道变革的重要方向了；不前置仓配，就与未来渠道变革背道而驰，从而迟早被舍弃掉。

仓配，真正的变革，可能还是需要新科技的应用。如人工智能，实现存放、统计、分派的支持。如机器人、机器臂，实现人力搬运的升级。

如 SAAS 软件，实现对整体管理的安排。

如大数据，实现对仓配计划、实施等的时效节约与仓配 2.0 等。

甚至是物联网的支持，将制造商仓库、中间仓库、物流、终端售点全面打通，各种信息交换、物流配送集结与分派、资金支付拆借、现场商流谈判、订单、车辆调度、促销品发放、空箱空瓶回收等全部整合到一起，形成一个大系统，将仓配纳入大企业产品分销系统，将可能极大提高分销效果、效率、效益。

小结一下，没有新技术的应用，不太能谈得上仓配模式、仓配的变革。

这可能根本不是什么机会

也不是什么独立赛道。

这只是原来中间商功能，凸显得更专业而已。

仓配核心还是在配，配的过程中，体现了人或运营的主观能动性，从而形成不同的中间仓配效果效率。

因为配送之前，需要仓库存放，所以部分仓配商将仓储功能也拿过来，获取可能的仓库储存产品的部分利润，以及便利操作与简化流程。

这在很多年前，也有一些中间商这么干过，但当时其实是算失败了的。原因就是如果自己不做生意，中间仓配物流的成本，只能够基本维持其人员、租仓、车辆等方面的费用，没有产品价差，就没利润。而当时不少企业，也基本没有专门的配送费用计算与给付，而仓库费用，这也都是有市面价，难以刮出多少油来。

传统消费品的中间商个体传递价值的空间是有限的

站在投资人的角度来讲，这个中间商的商业模式突破，或者能让投资机构青睐，基本以能否横向复制性拓展为考量。

仓配本身没有多大的价值提升张力。现实当中，是非常传统的中间商要具备的功能，创新方向也非常有限，未来想象空间现在也还没有发现。

至于所谓的横向拓展，也就是说联网、跨区域、多运输路径的整合、跨行业产品仓配的拓展与创新。这些，不只是投资人从投资角度可能觉得这是实现新仓配的可能，也是仓配企业取得发展空间且具一定竞争力的表现。

将创新做到供应链层面，才是关键

所谓供应链层面的创新，即能够从整体供应上，帮助上游或下游解决问题。如甄选货源、产品组合与匹配、价格与性价比问题解决，以及如下的仓配效果效率效益等。

由于上游的制造商、品牌商在创造商品的价值，他们作为产品拥有者，以及定价权的拥有者，合理价格体系的制定者，会让自己最大可能地实现利润最大化。而渠道链中的中间商、终端在流通链上获得的利润不太可能是暴利或超乎正常的利益。

有个消费品业的经销商谈从业 20 年的感悟：我无论做任何产品的经销，即使厂家给我一架飞机那么大的利益，我也就都只能获得一个轮子的利益。

这非常形象地说明了渠道中间商在整个渠道链中的现实：渠道中间利益，在成熟情况下，基本都是稳定在一个固定状态，难以实现超乎常情的利益。

所以，作为渠道中间层级，我们还是觉得，要想取得三明治般的中间式突破，最重要的能力，就是商流。即开拓市场、商业谈判、产品组合、客户沟通与服务等，这些“软”能力，才是中间商的重要能力。

也就是说，其他如物流、仓配，甚至资金的这些“硬”配备，根本就不是渠道中间的具想象空间的能力，上面也提到了，可能在初期利用新科技能获得一点红利。这也就是不太可能从这里产生非常不可思议的商业模式或盈利空间的原因。

现在功能区隔并最大化，是有限的好模式

也就是说，做得最大最好最强，这是可以的。毕竟，每个行业都可能出现第一，而第一，是有行业红利的，因为可能有定价权，甚至获得将来的规则制定的权益等。

但是，更多的，中间功能还是一体化、一站式服务更有优势。换句话说，就是功能综合性中间商更具优势，而以前一直多是以这种形式存在，将来，就是实现中间商利用新科技新工具新手段提升这方面的专业化综合能力。专业化综合能力，即每个功能的发挥，都是专业的，而综合性则说明这些功能还都有。

中间渠道分销本身就是一个传递价值的过程，如果不抓住这些优势，商务能力还退化，或不做了，就只有像个普通的物流工具般、仓储工具般，这在将来，甚至是有可能被 AI 之类的来取代的！

当然，还存在这样一条商业模式

将来还会存在制造商、品牌商的盈利模式，在中间商上得到嫁接或开发的情况。

这就是与“品牌”相关的。

品牌是溢价的，是资产，是能提供价值的。

所以，中间商在建立中间通路的服务路径与能力后，可通过自有品牌、品牌商处贴牌等方式，获取品牌带来的利益。

这是传统的一些超市，最看好的模式，如沃尔玛就在产品平价之时，用

自有品牌来获得利润。做自有品牌得到更多利益，一直是不少超市的理想。

只是，我们也知道，传统超市，并不是最终都能实现良好的自有品牌模式。这条路径，也是需要超市这类中间商的商业能力非常强才行。这是因为品牌，并不是可一夜形成，一蹴而就的。

所以，在这方面，中间商，也并不能将此盈利方式当作首选。

以可规模化复制模式为最优

个人觉得，世界上最优的商业模式，就是规模化可复制。传统消费品业，产品创新难，渠道又必须还得好，促销等，靠智慧。所以，倒是如何能通过复制而做大，是投资机构比较愿意去关注的。

从投资角度看消费品业 B2B 商惠下单为什么失败

又一个 B2B 商——“惠下单”，据说是因为资金链断裂，而停止服务了。惠下单几个月前还得到了腾讯的重金投资，现在停止服务，却也就是在短短的几个月内，想再次融资受阻，资金面临困难或断裂。

也同样是在 2018 年上半年，在惠下单融资前一个月，一直位于 B2B 排位前列的店商互联也因发不出工资而倒闭。这当下“惠下单”又停止服务，是在印证消费品业 B2B 本身存在发展模式上的问题?

因为资金的问题或倒闭或停止服务，作为投资人，真的是该站出来说说了。

消费品业 B2B 可能不是什么真正的创业赛道

关于 B2B 的创业，我其实已经在好几篇文章中提到过。如 2017 年写的《有时候真想说 B2B 创业是个伪命题》《厂家为什么不愿意用 B2B》《快消品 B2B，基因定生死未来》《消费品业 B2B，2017 年总结篇》等。当时都是从行业专业角度的认知与解读。当时自认为已经对消费品业 B2B 有了自己的认识。

当时，也提出了只有两条发展路径：一是服务增值，一是品牌溢价。

并且，提出后，这一年多就已经基本放弃了对我本应该最关心的该赛道的创业项目的了解，虽然我一直认为，消费品业中间层级竞争与无序损耗太多，应有所改善与创新。

当时就认为，B2B 可能只是一个基于移动互联的工具，想进行的商业模式突破难以实现，并且基本是打劫式的，而上游的制造商品牌商、下游的零售终端，并没有得到非常实质性的业绩、发展改善。B2B 商在传递价值上，自己的服务能力，并没得到突破。

因而，B2B 中间商，现在基本可以判定为，可以通过新形势下的一些有利变化，来进行自我能力的改善，以及进行一些更专业化的成长，其他的路径，要成功，多只是个案。

投资人，也可能只看能冒出来的头部企业

看到这几年，一些行业、企业将自己行业不被资本重视、自己企业没被风险投资基金投中，同时可能投资机构投中的企业虽然被钱烧得看似影响力大了，但也问题频频，于是蔑视链被打开，一些不明投资界就里的人，就将问题责任都归咎于投资机构，大部分文章就有“资本方瞎烧钱”、相当部分评论有“资本方傻”的底层潜意识。

其实，这还是有失偏颇的。

天使、风险投资，对于一些新行业、新机会、新企业，很难像事后分析或成熟行业一样，将各种条件要素分析清楚，除一部分跟随一些头部投

资企业投资之外，由于很少有前期经营数据，很难百分百看准一个企业，就像 IDG 熊晓鸽所说的：做风险投资是一个遗憾的职业。

但是，看好一个行业，又看不准一个企业怎么办？投资机构不少采取的是投所谓“头部企业”的办法。如果头部创新企业太火而投不进去，可能会求其次，即投相对熟悉情况的企业。

所以，除开风口太大，相关创业项目多，一般来讲，除开形势变化全行业全赛道覆没，一个赛道或一个行业最终总是会有一两个头部企业能跑出来，最终实现上市或者占领行业之巅等，这样，投资机构或者能盈利或者能实现不失利。

关于投资机构所投企业问题重重的问题，投资企业其实也是知道的，但这并不是投资机构最关注的因素。就像有的创业者的项目非常失败了，如他再创业，投资人还可能会投一样。投资行业相较企业而言，相对能容忍部分创业项目失败或出现问题。其投十个企业，只要有一两个成功，就可能是成功的投资，跟我们作为一个企业主，只能成功不能失败，对失败的看法是不一样的。

回看消费品业 B2B 创业原来的争论

记得 B2B 行业有过所谓的“全国性”还是“区域性”之争，从投资来看，全国性是能跑出一两个企业来的，而一些区域性的，成为西南王、东北王，也是可能的。

消费品业市场如此之大，各品类也有些区隔，连白酒都要与快速消费品中的食品饮料分隔开，就知道，其实真正做出来，是有空间存活的，所以，这些在投资人眼里，可能根本不需要争论。

至于一些所谓的前置仓、专业做仓配、还是综合运营商这些的争论，则只是 B2B 能力能否更突出，以及在新形势下取得更大优势的问题，也可能根本不是投资机构要看的内容。

没有能力做更优秀的渠道中间商，无论这里如何分析争论，都是没有未来的。

另外，消费品业B2B商们能力提升了，功能的更专业化或更整合，是B2B创业要得到支持与鼓励的。而只是因为有了移动互联，仅仅利用自己能开发或应用SAAS来下单，从而抢夺价值链中其他层级成员的利益或空间，这种所谓的商业模式创新，在如此传统的行业及如此利益相关的渠道关系中，是不太被支持的。

惠下单为什么无人接盘

从上面分析看来，B2B创业的头部企业已经显现，即阿里的零售通和京东的新通路。这有几个原因：一是都已经基本成型；二是二者在后续仍都可有大把自有资金、资源进行投入；三是他们本身又是无边界的全国性拓展。因为这个领域已难再有头部企业出现，所以，对于投资机构来讲，即使还有一些其他的还算可以的B2B企业，投资也会谨慎了。

另外，经过前几年的疯狂，投资机构越来越发现一个投资的坑，就是商业模式创新式创业的坑。可以说，除开极个别的创业，即只有那些在前期已经获取了流量，也能在将来依靠已有流量，基本能够存活的商业模式创新企业，通过流量与运营还能做些其他的更可能的发展。

但是，现在，商业模式创业几无人看了，不少企业明确投资标准：不看商业模式创业。因为看来看去，最终还是首先要花大把的钱去获取流量或机会。而一则是流量红利与轻易获取的机会几乎没有了，二是市场与消费认知已经成熟了。所以即使项目做出来，也就那点市场，也就那点消售额。而投资机构想要的大延展、可想象空间基本没有了，也就没了可高获得的机会。

而惠下单，分析到底层，其实就是商业模式创业。

这种创业，后期几无盈利模式升级的可能，或者说发展空间。其靠软件来得到未来，而现在的这类软件，已经很少有核心能力，都是一些非常容易实现的应用。

所以，惠下单，资本市场不看好，是情理之中的事。

消费品业B2B未来判断

即使现在还有几个巨头企业在不断深入，并且仍有从各通道进入来的创业者，但从行业发展分析来看，未来可能会呈现两种状况：一是头部B2B也就是那几个，他们可能会通过自己的商业系统成熟，从而与制造商、品牌商形成更紧密的合作关系。另外，就是区域性的，通过自己在消费品流通分销过程中体现出更专业的商流、物流、信息流、资金流等专业能力，或者之间的整合，从而实现对中国消费品业中间层级的升级引领，并进而带动流通分销的进步。